本书受到华北水利水电大学高层次人才科研启动经费项目资助

顾客积极反馈行为
对一线服务员工的影响研究

翟家保◎著

中国水利水电出版社
www.waterpub.com.cn
·北京·

内 容 提 要

本书以对高校教师与其学生、医生和其患者、以及美发师、美容师和其顾客获得的配比数据为基础,通过 Amos 7.0 统计软件对结构方程模型进行分析,阐述了顾客对员工服务质量的积极评价行为(CPA)和顾客对一线服务员工的关系建设行为(CRB)这两种顾客积极反馈行为如何影响对组织而言具有重要意义的三种结果变量(即一线服务员工的努力意向、针对组织内部的角色外行为和针对顾客的角色外行为)以及上述影响因素发挥作用的内在机理,同时还考察了对这些结果变量而言,顾客积极反馈行为相对于其他前导变量(包括服务员工的情感性组织承诺、社会规范)的相对影响力。

图书在版编目（CIP）数据

顾客积极反馈行为对一线服务员工的影响研究 / 翟家保著. -- 北京：中国水利水电出版社，2016.12（2022.9重印）
ISBN 978-7-5170-4894-7

Ⅰ．①顾… Ⅱ．①翟… Ⅲ．①顾客－反馈－影响－服务人员－研究 Ⅳ．①F719

中国版本图书馆CIP数据核字(2016)第281493号

责任编辑：杨庆川　陈　洁　　封面设计：崔　蕾

书　　名	顾客积极反馈行为对一线服务员工的影响研究　GUKE JIJI FANKUI XINGWEI DUI YIXIAN FUWU YUANGONG DE YINGXIANG YANJIU
作　　者	翟家保　著
出版发行	中国水利水电出版社 （北京市海淀区玉渊潭南路1号D座 100038） 网址：www.waterpub.com.cn E-mail:mchannel@263.net（万水） 　　　sales@mwr.gov.cn 电话：(010)68545888(营销中心)、82562819（万水）
经　　售	全国各地新华书店和相关出版物销售网点
排　　版	北京鑫海胜蓝数码科技有限公司
印　　刷	天津光之彩印刷有限公司
规　　格	170mm×240mm　16开本　12印张　215千字
版　　次	2017年1月第1版　2022年9月第2次印刷
印　　数	3001-4001册
定　　价	42.00元

凡购买我社图书，如有缺页、倒页、脱页的，本社营销中心负责调换

版权所有·侵权必究

前　言

　　虽然顾客是一线服务员工日常交往的重要组成部分，但目前关于顾客行为对一线服务员工行为或行为意向产生积极影响的研究很少。本研究旨在对这方面的不足做一定程度的弥补。本研究提出了顾客对员工服务质量的积极评价行为（CPA）和顾客对一线服务员工的关系建设行为（CRB）（二者统称顾客积极反馈行为）的概念，其中，前者指顾客通过直接或间接的途径，对一线服务员工的服务质量表示肯定的行为；后者指顾客在服务过程之中或之外，主动与一线服务员工建立良好关系的行为。本研究主要阐述两种顾客积极反馈行为如何影响对组织而言具有重要意义的三种结果变量（即一线服务员工的努力意向、针对组织内部的角色外行为和针对顾客的角色外行为）以及上述影响因素发挥作用的内在机理，同时还考察了对这些结果变量而言，顾客积极反馈行为相对于其他前导变量（包括服务员工的情感性组织承诺、社会规范）的相对影响力。为此，本研究构建了两个理论模型。理论模型 A 是服务员工针对组织内部的角色外行为和努力意向整合模型，理论模型 B 是服务员工针对顾客的角色外行为整合模型。

　　针对由问卷调查从高校教师与其学生，医生和其患者，以及美发师、美容师和其顾客获得的配比数据，利用 Amos7.0 统计软件对结构方程模型进行分析，实证研究结果显示：①"顾客对员工服务质量的积极评价行为"对"服务员工针对组织内部的角色外行为"具有显著的正向直接影响，而且还间接地通过两种积极情感（即服务员工在服务工作上的"成就感"和"被顾客尊重感"）的中介作用而显著地正向影响"服务员工针对组织内部的角色外行为"以及服务员工的"努力意向"；②"顾客对服务员工的关系建设行为"对"服务员工针对顾客的角色外行为"具有显著的正向直接影响，但两种积极情感（即服务员工在服务工作上的"成就感"和"被顾客尊重感"）对这一关系的中介作用不显著；③服务员工的"被顾客尊重感"在"顾客对员工服务质量的积极评价行为"间接影响"服务员工针对顾客的角色外行为"的过程中起有效中介作用；④"顾客对员工服务质量的积极评价行为"和服务员工"情感性组织承诺"对"服务员工针对组织内部的角色外行为"的影响效力几乎达到了同等水平；⑤就对服务员工"针对顾客的角色外行为"的相对影响力而言，"社会规范"具有最大的影响力，其次是顾客积极反馈行为（包括顾客对员工服务质量的积极评价行为、顾客针对服务员工的关系建设行为），而服务员工的"情感性组织承诺"则没有显著影响；⑥"顾客针对服务员工的关系建设行为"对"努力意向"产生意料之外的负向影响（接近显著水平），再考虑到它对服务员工"针对顾客的角色外行为"产生的正向显著作用，以及对服务员工"针对组织内部的角色外行为"产生的负向作用（虽然未达显著水平），所以，"顾客针对服务员工的关系建设行为"可以说对一线服务员工而言兼具积极和消极作用，或者说具有两面性。

作者

2016 年 6 月

目　录

前言

第1章　绪　论 ··· 1
1.1　选题背景及研究问题的提出 ································· 1
1.2　研究的意义 ··· 10
1.3　研究方法和技术路线 ·· 12
1.4　论文的结构 ··· 13

第2章　文献回顾与述评 ·· 15
2.1　目前关于顾客行为影响服务员工的研究成果和不足 ······ 15
2.2　一线服务员工努力（意向）影响因素的文献回顾 ········· 19
2.3　服务员工角色外行为影响因素的文献回顾 ················· 26
2.4　小结 ·· 37

第3章　研究假说和理论模型的建立 ······························ 39
3.1　针对组织内部的角色外行为及努力意向整合模型 ········· 39
3.2　针对顾客角色外行为的整合模型 ···························· 64

第4章　研究设计 ·· 72
4.1　样本与数据收集 ·· 72
4.2　分析方法 ·· 77
4.3　量表的开发 ··· 77
4.4　量表的前测和再测信度检验 ·································· 79
4.5　正式测量量表的信度和效度检验 ···························· 82
4.6　测量模型分析 ··· 85

第5章　假说检验 ·· 114
5.1　针对组织内部的角色外行为和努力意向整合模型假说
　　　检验 ·· 114

5.2 针对顾客的角色外行为整合模型假说检验 …………… 120

第6章 研究贡献、局限与展望 …………………………… 126
    6.1 主要研究结论 ……………………………………… 126
    6.2 理论贡献 …………………………………………… 128
    6.3 实践意义 …………………………………………… 130
    6.4 研究局限与展望 …………………………………… 133

致 谢 …………………………………………………………… 135

参考文献 ……………………………………………………… 136

附录 本研究的调查问卷 …………………………………… 173
    附录1 服务员工版问卷 …………………………………… 173
    附录2 学生版问卷 ………………………………………… 177
    附录3 患者版问卷 ………………………………………… 179
    附录4 美发师版问卷 ……………………………………… 180

攻读博士学位期间发表的论文及科研成果 ………………… 183

第1章 绪 论

1.1 选题背景及研究问题的提出

1.1.1 选题的实际背景

在竞争日益激烈的市场环境中,为顾客提供高质量的服务、提高顾客满意度,进而促进顾客忠诚,是服务型组织生存、发展和成功的关键。而一线服务员工(frontline service employee),是服务型组织中联结组织和顾客间基本界面的、直接为顾客提供服务的人员(Chase 和 Tansik,1983;Crosby、Evans 和 Cowles,1990)。重视一线服务员工被认为是组织建立竞争优势的关键之一(O'Hara、Bloes 和 Johnston,1991)。因此,一线服务员工的重要性不言而喻。

据世界著名的韬睿(Towers perrin)咨询公司 2006 年的一项员工敬业度(该公司定义为:员工愿意将能够自主决定的精力投入到工作中的程度)的调查结果,中国员工中只有 8% 的员工高度投入他们的工作,25% 的员工对于工作非常自由散漫,其余 67% 处于中间状态(韬睿咨询公司,2006)。另外,一线服务员工的工作特点是:相对于其他人员(如办公室文员、财务人员),一线服务员工的工作自主性更大,更加不易被组织的监控系统所监督。而根据委托代理理论,因为信息不对称,委托人(组织)对代理人(如一线服务员工)难以进行完美监督,代理人很可能存在败德行为(如偷懒)(宋承宪、许强,2004)。由于员工个人的技能水平、努力程度是一线服务员工工作绩效(可视为组织绩效的一部分)的重要决定因素(Christen、Iyer 和 Soberman,2006),而在短期内,员工的技能水平不能迅速提高,但其努力意向或努力程度可以由员工直接控制(Joel 和 Gerald,1978),所以,员工努力(意向)成为更具活力的因素。

因此,充分调动一线服务员工的工作热情和积极性,使其愿意努力为组织做出贡献就显得必要而紧迫。努力被认为是为完成某项工作所投入的力量、能量或活动(Brown 和 Peterson,1994);努力也被认为是员工角色内绩效的重要决定因素(Christen、Iyer 和 Soberman,2006)。

对员工的努力(employee effort)有两种衡量方法:客观的努力行为(effort behavior)和主观的努力意向(effort intention)。理论上讲,二者虽然存在一定区别,但是相互之间有高度关联。社会心理学认为,一个人的行为意向是其做出行为之前的一种准备状态,是离实际行为最近的预测变量(Fishbein,1967;全国13所高等院校《社会心理学》编写组,2003)。其实,一些研究者并没有把一线服务员工的努力行为和努力意向严格区分开来,例如,Testa(2001)的研究对一线服务员工努力行为的衡量包括了员工的服务努力意向和服务支持行为。

除了努力(意向)之外,一线服务员工的角色外行为对于组织的生存、发展和成功也具有重要意义。角色外行为是指员工的那些超出具体的任务要求而有助于组织目标的实现的行为,这些行为可能指向个人、群体或者组织整体(Somech 和 Drach-Zahavy,2000)。

服务型组织中,其一线服务员工的角色外行为的重要价值也受到研究者们的肯定。例如:Borman 和 Motowidlo(1993)认为,在与顾客打交道以及把组织向外部人士进行展现的过程中,服务型企业特别需要员工的角色外行为。Wels-Lips、VanderVen 和 Peiters(1998)的研究发现,在顾客所报告的高度积极的顾客服务经历中,高达55%的比例是由一线服务员工的"未经(顾客)提示和未经(顾客)要求"的(un-prompt or un-asked for)行为而引发的。deJong、deRuyter 和 Lemink(2004)认为,服务员工之间发生的针对其他服务员工的角色外行为可以改进整体的服务传递质量,并影响顾客对服务的满意与否。

近20年来,有关员工的角色外行为的研究一直是组织行为学、营销管理学等领域的研究热点。

现存的国内外研究大都是关注组织中一线服务员工(或销售人员)之外人员(如生产工人、人力资源部门或财务部门工作人员等)的角色外行为,针对一线服务员工(或销售人员)的角色外行为的研究很少。目前针对服务员工努力(意向)影响因素的研究,一般着重于个性特征和组织内部因素,如工作条件与薪酬待遇(如工资、奖金、工作环境、职位)、领导支持、工作特性与角色感知、组织文化等方面来激励员工愿意更加努力地工作(Hart、Moncrief 和 Parasuraman,1989;Churchill、Ford 和 Walker,1979;Brown 和 Peterson,1994;Arnolds 和 Boshoff,2002)。

仅有的几个关于一线服务员工的研究也只是把影响非一线服务员工角色外行为的因素套用在一线服务员工身上,这些前导变量主要包括角色感知、感知组织支持、员工—组织匹配(CHEN 等,2009;MacKenzie、Podsakaff 和 Ahearne,1998;Netemeyer 等,1997),而且尚未有把组织之外的环境因素(如顾客的行为)作为前导变量的研究出现。

这与一些学者关于非一线员工的角色外行为前导变量的研究或文献回顾是大体一致的。现存研究中角色外行为的预测或影响变量主要有：个人因素(如个人特质、工作态度、角色感知)；组织内部因素，包括组织特征(如学校等级、组织文化、感知组织支持、群体凝聚力)、工作特征(如任务常规性、岗位级别)以及领导特征(如变革型领导、领导—员工关系质量)(林泉、林志扬,2008;朱瑜、凌文辁,2003;VanDyne、Graham 和 Dienesch,1994)。

然而，一线服务员工日常工作的一个重要组成部分就是与顾客进行交互(范秀成,1999)，一线服务员工经常会收到顾客的直接反馈(Ingram、LaForge 和 Avila,2006)。Foxall(1996)关于消费者行为的研究也主张用行为发生于其中的情形的范围(scope of the settings)来解释行为人(即消费者)的行为，该作者认为，一个消费(者)情形包括若干刺激，而这些刺激形成了社会性和有形性环境。对一线服务员工来讲，来自组织内部因素的刺激和来自顾客的刺激构成其日常职场行为发生的两个主要情形。因此，除组织内部因素之外，进一步分析来自顾客的刺激对一线服务员工努力意向和角色外行为的影响是必要的。

对于非一线服务员工来讲，研究者们没有把顾客的行为作为员工努力意向和角色外行为的影响因素加以考虑，或许由于这类员工没有或者很少与顾客打交道的缘故。而对于一线服务员工来讲，忽视顾客行为对服务员工所可能产生的影响，可以说是一个不小的缺憾。因此，为了更加全面地理解影响一线服务员工努力意向和角色外行为的因素，把顾客的行为纳入研究视野显得非常必要。

其实，在日常生活中，我们会注意到，许多顾客往往会对一线服务员工及其工作表示口头感谢、夸赞、留言表扬等。比如，高校学生会赞扬老师渊博的知识、对老师的耐心释疑表示衷心感谢；当疗效比较理想时，患者会对医生加以称颂(口头表达甚至赠送锦旗等)；美容(美发)消费者会对美容师(或发型师)贴切的发型设计方案及良好效果表达肯定之情；等等。

还有，对许多服务企业的一线服务员工而言，特别是对于专业服务行业(如美容美发、心理咨询、保险理财、教育等)中的企业，顾客出于种种原因，会主动地询问一线服务员工的姓名、联系方式，与服务员工就双方所具有的共同兴趣爱好进行交流等，以期同服务员工建立起良好的私人关系。

本研究把以上两类顾客行为统称为顾客的积极反馈行为。对于第一类顾客行为(称为顾客对一线服务员工服务质量的积极评价行为)，顾客的动机可能主要是基于社会交换中的回馈性规范，即用善意回报善待自己的人。

对于后一类顾客行为(称为顾客针对一线服务员工的关系建设行为),顾客的潜在动机可能是:①顾客对专业知识缺乏深入了解,这往往导致顾客主动想与一线服务员工之间建立亲近的人际关系(如友情)以降低自己的消费风险;②顾客希望在接受服务时获得服务员工的优待;③顾客为满足自己的社会或情感方面的需求,希望与服务员工建立友好关系,甚至私人友情。当然,以上两类顾客行为也都可能是顾客为了引起注意、在他人心目中塑造良好形象而进行印象管理的手段。

之所以关注如上两类顾客行为,除了它们在日常生活中比较常见,因而有可能对一线服务员工产生较为重要的影响外,还由于这两类行为符合社会心理学与组织行为学中较为一致的观点,即人际间的评价或行为可大体分为与能力(或任务)相关和与人际吸引(或社会情感)相关两类。

例如:在社会心理学领域,Bales(1950)和Slater(1955)关于群体中的互动的研究发现,当分析部分群体成员对另一部分成员形成的印象时,大致有两种基本的类型:即社会情感导向型和任务型,其中,前一类型的人最受其他成员喜欢,而后一类型的人的能力受到最高程度的评价。类似地,Casciaro和Lobo(2008)认为,人际间的评价有两个基本维度:一个是喜欢(liking)和社会方面的合意性(social desirability),另一个是才能(competence)和智力方面的合意性(intellectual desirability)。而且,组织行为学者 Lincoln 和 McBride(1985),Podolny 和 Baron(1997),以及 Gibbons(2004)认为:通常在组织中存在两种相互区别的社会行为或社会关系:一种是与任务相关的关系,它形成于员工履行工作角色的过程;另一种是表达性关系,这是基于人际间的相互吸引。

加之,根据Skinner(1953)的观点,对行为的影响力而言,较之于消极的反馈,积极的反馈具有更大的激励作用(Heskett 等,1994)。因此,本研究决定选择上述两类看起来具有积极性质的顾客反馈行为加以研究。

这样,很自然的问题是:这两类顾客积极反馈行为(包括顾客对一线服务员工服务质量的积极评价行为和顾客针对一线服务员工的关系建设行为)对一线服务员工的努力意向和角色外行为具有什么样的影响?它们影响一线服务员工努力意向和角色外行为的内在作用机理是怎样的?与顾客之外的其他因素(如组织因素)比较,这两类顾客行为对结果变量(即服务员工努力意向和角色外行为)的相对影响效力如何?

本研究围绕上述疑问进行研究,并试图做出回答,以期对以往研究在这方面的缺憾做一定程度的弥补。

顾客对一线服务员工进行关系建设行为,或者是由于服务员工在人际关系方面具有亲和力、令人乐于同其建立和维持友好关系,或者是顾客本身为了满足自己的社会及情感需要而主动与服务员工建立友好关系,也或者是顾客为了在未来获得服务上的优待;顾客对一线服务员工服务质量的积极评价行为,或者是由于员工在完成服务工作方面具有较强的才能、令人钦佩而不由自主地夸赞,或者是顾客自己为了引起员工关注和获得好的评价而进行印象管理的策略。不论顾客以上的两类行为的形成原因如何,本研究只关注这两类顾客行为会对一线服务员工的努力意向和角色外行为产生什么影响,以及如何产生影响。

1.1.2 选题的理论背景

1.1.2.1 研究顾客积极反馈行为对一线服务员工心理/行为产生影响是交互营销的题中之义

研究顾客积极反馈行为对一线服务员工心理/行为产生影响,在理论上,是顺应服务营销对营销过程中各方参与人员作用的重视,是对交互营销的深化和完善。

2005年,全球服务业增加值占全球GDP的比重为60%,即使在中低收入国家的比重平均也为43%,主要发达国家甚至达到70%以上(何德旭,2006)。不但服务业在全球经济中的比重有逐步增加的趋势,而且在有形物品产出行业,由于物品的同质化日趋严重,越来越多的企业依靠服务来作为差异化竞争的手段。企业往往通过增加新的活动或重组现有的活动以求实现一种服务引致的增长(service-led growth)(Sawhney、Balasubramanian和Krishnan,2004)。

改革开放以来,我国第三产业(tertiary industry)(主要指服务业)取得了长足发展。1978—2008年间,第三产业增加值从872.5亿元增加到120486.6亿元,平均每年增长11.5%(按照当年价格计算);第三产业增加值占我国GDP的比重也从23.9%增加到42.9%。第三产业逐渐成为吸纳就业劳动力的重要渠道,1978—2008年间,第三产业从业人数从4890万人增长到25717万人,相应地,第三产业就业人口占我国就业人口总数的比重从12.2%增加到33.2%(《中国统计年鉴2009》,2009)。

随着服务业在推动经济增长和促进就业方面的作用越来越重要,国外大致从20世纪80年代起,国内从21世纪初开始,营销学者们针对服务营销进行的研究也越来越多。从概念上来讲,服务与产品是不同的(Murray和Schlacter,1990)。学者们认为服务区别于产品的特点有四个:即无形性、产出与消费的不可分离性、异质性(服务质量易变动、难以标准化)和易逝性(无法储存)(Gronroos,1978;Iacobucci,1998)。

Booms 和 Bitner(1981)基于服务这种"特殊产品"而提出了 7P 营销组合,即在传统的 4Ps(product,price,place,promotion)组合的基础上增加了参与人员(participants)、过程(process)和有形标示(physicalevidence)。其中,参与人员强调了直接参与服务生产与消费的双方,即服务员工和顾客的重要性。

关于如何针对服务进行营销的一个比较全面的理论,是 Gronroos(1996)提出的服务营销三角形模型(图 1-1):该模型以关系营销理论为指导,主要阐述了在以获取和维持顾客作为组织营销战略的目标下,组织、组织的员工(特别是一线服务员工)和顾客三者之间应具有怎样的关系。三角形的三条边分别表示服务营销所涉及的三种活动,即外部营销、内部营销和交互营销。

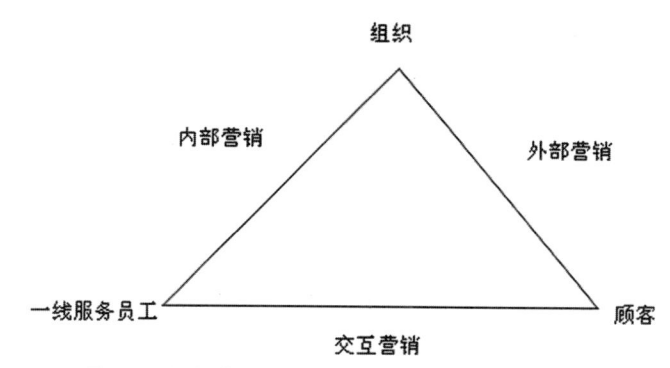

图 1-1 服务营销三角形模型(根据 Gronroos,1996)

关系营销在产业市场具有长久的历史(Hakansson 和 Ostberg,1975),近来它在服务和消费市场中被广为接受(Tzokas、Saren 和 Kyziridis,2001)。

现存文献对关系营销的定义不尽相同(Coviello、Brodie 和 Munro,1997),但是这些研究都肯定了与利益相关者(特别是与顾客)确立长期的、交互性的关系被认为是组织采用关系型而不是交易型营销战略和活动的最重要的好处(Webster,1992)。Gronroos(1996)把关系营销定义为:企业为了获取利益,识别并确立、维持、加强与顾客和其他利益相关者之间的关系(必要时也可能终止这种关系),通过相关各方相互的允诺和履行承诺,以使得所有涉及各方的目标都得到满足的过程。

Moller 和 Halinen(2000)认为,实际上存在两种关系营销理论:即基于市场的(更倾向于消费者导向)关系营销和基于网络的(更倾向于组织之间的关系)关系营销。按照这一划分方法,进一步结合服务营销三角形模型,本研究的主题属于消费者导向关系营销理论指导下的、针对服务业的交互营销范畴。

在服务营销三角形中,组织是三方中的一方,另外两方则属于组织的资源,组织资源通常被分为五部分:组织员工、员工所拥有的技术、员工的知识和信息,以及顾客及顾客的时间。在生产、传递、顾客培训、争议处理、服务和维修等部门中的许多人员都创造顾客价值,其中,一线服务员工直接参与为顾客提供服务的活动,因而具有突出作用。另外,顾客本身也经常成为价值创造所依赖的资源。对于顾客感知价值而言,顾客本身具有重要作用,这主要体现在:顾客对服务企业最终技术质量的开发或设计产生的影响,以及顾客对一项服务活动的及时性的影响都是很关键的(Gronroos,1982)。

不少营销学者(如 Gronroos,1994;Gronroos,1991;Dwyer 等,1987)认为,相对于有形产品,衡量服务成功与否的关键质量维度更侧重于交互质量,即顾客与服务员工在服务过程中的交互活动的质量。

服务营销三角形理论与"服务主导的逻辑"的观点也是一致的。"服务主导的逻辑"的观点把顾客看作价值的共同创造者(co-creator),而不是价值的被动接受者;同时把企业看作价值被共同创造过程中的促进器(facilitator),而不是简单的标准化价值的生产者(Payne、Storbacha 和 Frow,2008)。这种观点概括起来讲,即顾客是价值创造过程的一种资源,(和服务员工一样)是价值的主动创造者。

1. 外部营销

外部营销涉及传统的市场营销概念。传统的市场营销哲学是:通过预测顾客的需要以及把能够满足顾客需要的产品或服务从生产者手中传递到消费者手中,以实现组织的目标(McCarthy 和 Perreault,1993)。

Kotler 等(2009)认为外部营销是指企业为满足顾客需求而进行的准备、定价、分销和促销等活动。也就是指,企业通过市场调研了解顾客需求和期望,结合企业资源确定目标市场,进而针对目标顾客进行服务设计、价格体系设计和分销渠道设计,并通过促销活动向顾客做出承诺。

在传统交易型营销中,组织员工(特别是营销部门的员工或一线员工)的作用并不突出,他们主要是执行组织领导层制定的营销政策或向上级反映市场信息,即使在实施人员销售策略时,此时一线营销人员面对面地与顾客沟通以影响顾客对本企业产品的态度,但营销人员并没有试图与顾客建立长期的、紧密的私人关系。

2. 内部营销

Gronroos(1985)认为,通过一种类似市场营销的内部手段和在组织内部实施类似市场营销的活动,可以有效地影响由这个组织的员工所构成的内部市场,并激发这些员工的顾客意识、市场导向和销售头脑。Piercy 和 Morgan(1991)也呼吁把适用于外部市场营销的基本技术同样应用到内部市场。

George(1977)曾提出,要拥有满意的顾客,企业必须拥有满意的员工。为了寻求满意的员工,Berry 和 Parasurraman(1991)将内部营销定义为:内部营销就是通过提供令员工的需要得到满足的工作这种"内部产品"来吸引、培养、激励和留住高质量的员工,内部营销是一种把员工当作顾客来对待的哲学,一种以满足人的需要为目的来设计工作岗位(即内部营销所谓的"产品")的战略。因此,Rafiq 和 Ahmed(1993)认为,内部营销不仅是激发一线服务员工的顾客意识,而且还用来激发非一线服务员工的行为方式,使其行为方式能够更好地为最终顾客服务。Rafiq 和 Ahmed(1993)的分析还表明,按照相似的特征、需求或任务来把员工分群分类,可以看作是"市场细分"在内部市场中的应用;发现员工的需要和要求、监测人力资源管理措施对员工的影响可以看作是"市场研究"在内部市场中的应用。

3. 交互营销

Koiranen(1995)认为关系营销在本质上具有动态性和交互性;关系营销的观点承认组织的行为能够影响外在因素,同时也受外在因素的影响。

Aubert-Gamet 和 Cova(1999)把发生在服务之角("servicescapes",即由服务提供者所管理的有形服务环境)的交换分为经济交换、社会—经济交换和社会交换三类。其中,经济交换是交易型的,在这一过程中消费者主要是寻求使用价值,这些使用价值通常可以通过许多非人际交互性的、自助服务性的服务环境来实现;社会—经济交换中消费者除了寻求使用价值外,还寻求消费者与服务员工之间的"联系价值"(linking value),由于消费者同服务员工建设关系,所以服务环境必须有利于消费者和服务员工之间的交互活动;社会交换指的是消费者寻求自身与其他消费者之间的联系价值以满足其自身的群体感(sense of community),在这种情况下服务员工扮演中介角色。而一线服务员工和顾客之间的服务交互过程所涉及的交换主要属于上述社会—经济交换之列。

Berry(1995)认为,针对服务业的关系营销应该非常重视买卖双方之间的交互过程,组织及其服务员工通过这种交互过程来进行营销活动和提供服务,以获取和保留顾客(Storbacka,1997)。

Tzokas 和 Saren(1996)认为服务行业竞争越来越激烈的情况下,关系营销应该强调具有战略性地位的,同时又高度相互依赖的两种系统即生产系统和消费系统之间的对话的重要性。所以,分别作为这两种系统的关键代表的一线服务员工和顾客两者之间的对话无疑应受到研究者们的重视。

Vargo 和 Lusch(2004)提出了"服务主导的逻辑"的商业哲学观,认为整个商业变得越来越以顾客为中心和以服务为中心,服务在本质上是一种"为某人做某事"的交互性的过程,价值是由顾客和服务提供者共同创造的,而企业则在价值创造过程中扮演促进器(facilitator)的角色。

交互营销概念及相关理论的出现,可以说是对"社会—经济型交换""买卖双方之间的交互过程"以及"强调生产系统和消费系统之间的对话"等概念和观点的呼应。Ford(1990)指出,交互营销关注的是存在于买卖双方构成的双向关系中的每一个个体。Cunningham 和 Turnbull(1982)认为,交互营销意味着关系中的双方存在面对面的交互;交互营销发生在个体水平上,其间,交互双方进行了私人接触,实现了协商和信息交流,确立了个人关系。交互营销是一种涉及若干个人的过程,该过程中,个人发起和处理复杂的、私人的交互(Dwyer、Schurr 和 Oh,1987)。

交互过程以正式的或非正式的方式发生,交互各方是主动的并且相互适应对方。交互营销是"和顾客一起"的营销,因为员工和组织的资源投入是为了与顾客发展互利的、个人的交互性的关系。Joshi(1995)认为这种交互性的关系与简单的长期关系的区别在于:(1)前者涉及协商和共同规划。(2)其交换重心得以扩展,即是为了所有涉及的各方创造持续的价值。(3)所涉及的各方之间的相互依赖是相互回馈性的而不是顺序性的。

Coviello、Brodie 和 Munro(1997)认为,交互营销关注的是私人的、面对面的交互。

可见,研究顾客的积极反馈行为对一线服务员工的影响是交互营销理论的应有之义,是必要的。

1.1.2.2 把积极心理状态纳入研究模型是顺应近年来心理学中重视积极心理的研究趋势

心理学领域最初有三大重要目标:第一,试图修复人们的损伤;第二,预防发生问题;第三,培育积极力量。但是,以往的研究和实践绝大多数都在关注如何恢复和治疗人们的心理问题与弱点(Luthans,2002)。

然而,这种情况在最近十年以来开始发生变化。以美国心理学会主席马丁·赛利格曼(Martin Seligman)为代表,一场积极心理学运动逐渐发展开来。这一运动的主要使命是为了从理论上来理解并使用科学方法来发现那些能够使个人、团体、组织和社会得以成长和兴旺的因素（Seligman 和 Csikszentmihalyi，2000）。著名的管理咨询机构盖洛普公司（the Gullup company）也参加到这一运动中来，并主办了数次积极心理学年会。我国学者张秀娟、申文果、陈健彬和杜敏（2008）也认为，现有关于情绪的研究主要集中于心理治疗领域，其中所包括的各种情绪并非为职场中的员工所设计，而是针对普通人群，而且对负面情绪的关注远超过对正面情绪的关注。

正如 Porter，Bigley 和 Steers（2006）在其著作《激励与工作行为》中所说的那样：直到最近，工作激励和绩效领域的研究仍然很少关注情感的作用；诸如公平理论、期望理论等主流的激励理论都是基于理性人的假设，也就是，只有当员工意识到努力可以给他们带来所期望的结果时，他们才付出努力，而实际上，情绪很可能是内在激励现象的核心。所以，本研究提出两种职场中的积极情感状态，即一线服务员工在服务工作上的成就感和被（顾客）尊重感，并分析它们可能对一线服务员工产生的影响。

Barret 和 Russell（1998）以及 Cropanzano 等（2003）认为，人际间的情感通常指向具体的目标，与此不同，一个人的心情没有特定的目标。据此，本研究所关注的两种情感实质上是指员工的心情。

1.2 研究的意义

1.2.1 理论意义

对于可能影响一线员工努力意向的因素，现存的研究大部分是从组织支持、工作中的社会性支持、员工角色感知、员工个性特征方面来进行研究，从顾客的行为、态度方面出发的研究较少；而且，现有的关于顾客行为、态度对一线服务员工努力意向产生影响的研究大多数是基于服务组织或单位水平，而不是基于一线服务员工个人水平（员工个人的态度、行为）。另外，由于缺乏基于一线服务员工个人水平的研究，顾客行为、态度对一线服务员工的努力意向产生影响的内在机理也尚不清楚。

类似地，对于一线服务员工角色外行为的影响因素，现存研究则主要关注组织和个人特征方面，仅有的几个把顾客的行为或态度作为影响因素的研究，是关注顾客的不满或不公平交互行为对服务员工的消极影响，目前尚未有关于顾客积极行为对一线服务员工可能具有的积极影响的研究出现。

本研究将具有重要的理论意义。具体而言：①将有助于一定程度上完善交互营销理论。本研究将顾客的两种积极反馈行为即"顾客对员工服务质量的积极评价行为"和"顾客对服务员工的关系建设行为"作为一线服务员工行为和行为意向的影响因素，将弥补现有交互营销文献过于偏重针对服务员工行为(态度)影响顾客行为(态度)的现状。②进一步丰富人力资源管理领域中的员工激励和绩效(努力意向和角色外行为)方面的理论。目前人力资源管理领域主要从组织因素和员工个人因素考虑来进行一线服务员工激励和提升绩效，本研究则关注顾客的积极反馈行为，可以说开辟了一个潜在的新视角。③有助于丰富积极心理学关于服务组织员工(具体而言是一线服务员工)积极心理的引发和积极心理效果的研究。以往心理学中积极情感(主要是笼统的、离散的积极情感如愉快、温暖、放松、得意等)的引发常常来自实验操控，也较少有针对组织环境下员工的积极心理和后续行为的研究。本研究把两种组织环境下的服务员工的积极情感——服务工作上的成就感和被顾客尊重感——作为潜在的中介变量作为关注重点之一，可以预期对积极心理学在这方面的一些不足做一定的补充。④有助于理解对一线服务员工而言，顾客积极反馈行为相对于非顾客因素的重要性。本研究在顾客积极反馈行为之外，还引入了员工情感性组织承诺(出于对组织价值观认同和对自己在组织中经历的满意等)和社会规范(来自家人、朋友、同事等的影响)这两种因素。

1.2.2 实践意义

①实践中，服务组织和服务员工为了吸引顾客，往往会对其所能够提供的服务加以超出实际服务能力的宣传，致使顾客对服务预期也甚高，最终反而降低了顾客的满意度，因此服务组织应该进行切合实际的(而不是夸大)宣传，使顾客对组织的服务质量有切合实际的预期，增加顾客满意度，减少不满意度。②对于顾客因种种动机而表现出来的行为，组织大多意识到对一些顾客的不良行为需要加以反对或制止，以避免对其他顾客、组织员工等造成损害，但对于顾客的积极评价和关系建设行为之类的行为却缺乏应有的重视。其实，顾客的积极反馈行为对组织员工、顾客都可能具有不容小视的积极作用，管理者可以引导、鼓励顾客的有益行为。③在营销管理实践中，管理者大都强调要增加顾客满意度，但对顾客满意可能对一线服务员工具有的积极作用(如提高员工努力意向和角色外行为)认识不够。而实际

上,虽然大多数顾客对组织的服务质量是满意的,但直接与顾客接触并为顾客提供服务的一线服务员工往往很少能感受到顾客的满意,因此在鼓励、提醒顾客对服务组织和员工提出意见的同时,组织可以也应该鼓励和提醒顾客表达其满意或者强化组织的顾客信息反馈系统,为顾客和服务员工之间建立良好的关系创造条件(如开展由顾客和服务员工共同参加的联谊会),让一线员工在个人层面上能更多地感受到顾客的满意、好评、善意、关心和友情,从而使一线员工获得积极情感、提升其成就感和被尊重感,珍惜和享受与顾客之间的良好互动关系等,进而愿意更加努力地完成本职工作和表现出更多的角色外行为。

1.3 研究方法和技术路线

1.3.1 研究方法

本研究采用定性分析与实证研究相结合的方法进行。

定性分析主要是通过对市场营销、销售管理和组织行为学中相关文献资料的系统查阅,总结以往研究成果,分析其存在的缺点和不足,找出本研究的切入点,并结合市场营销及其他领域(心理学、组织行为学等)的理论、研究成果,在逻辑归纳和演绎的基础上,提出理论假说,建立理论模型;实证研究主要是通过访谈和预调查进行问卷设计,通过正式大规模问卷调查进行数据收集,并利用 SPSS 11.5 软件和 Amos 7.0 软件进行数据分析,运用结构方程模型的方法和准则来检验理论模型。

1.3.2 技术路线

本研究的技术路线如下:首先,结合营销和管理实际,发现有潜在研究价值的问题,并对相关文献进行回顾,进一步确定具体的研究问题;其次,围绕研究问题,广泛查阅已有文献,运用逻辑归纳与演绎思维,提出研究假说以及理论模型;再次,进行研究设计,包括样本选择、测量量表确定、调查问卷的设计、问卷信度效度检验,以及模型信度效度检验与拟合度检验;又次,对研究假说、理论模型进行检验,分析实证结果;最后,形成研究结论、分析理论与实践意义,并指出研究中的不足以及未来方向。技术路线图如图 1-2 所示。

```
         结合实际，发现潜在问题
                  ⇓
         通过文献回顾，确定研究问题
                  ⇓
         围绕研究问题收集、分析文献
                  ⇓
   提出假说，构建顾客积极反馈与一线服务员工努力
      意向和角色外行为间关系的概念模型
                  ⇓
         测量量表、样本确定及前测
                  ⇓
       确定最终问卷，进行正式调研，
              收集数据
                  ⇓
       分析实证数据，检验所提出的模型
          和假说，并对结论进行解释
                  ⇓
            研究结论、贡献和局限
```

图 1-2 论文的技术路线图

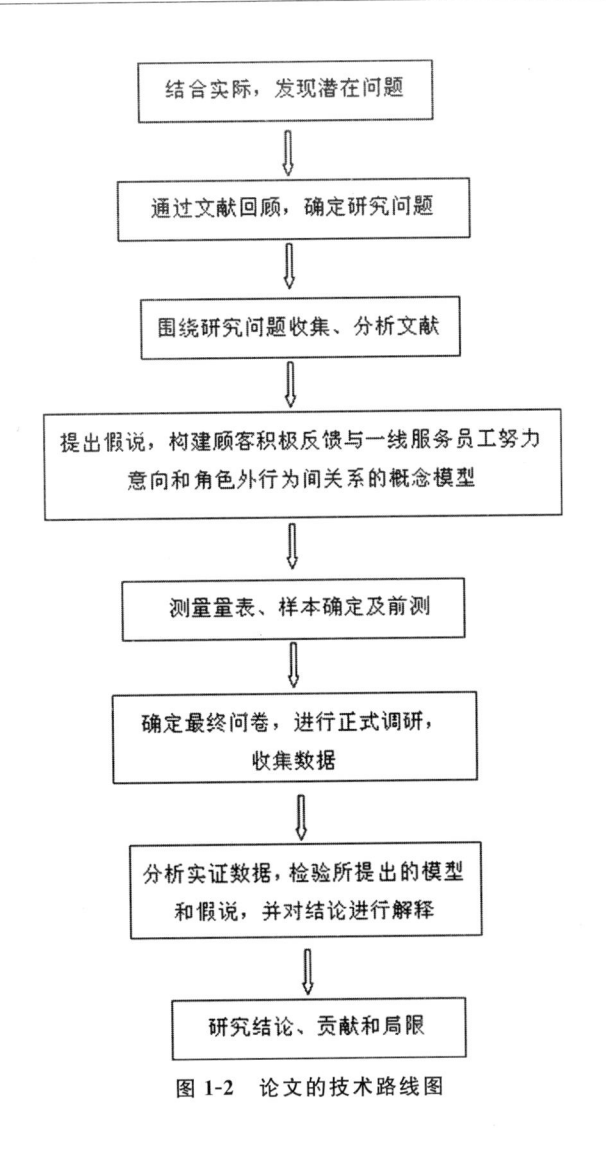

1.4 论文的结构

本论文的结构安排如下：

第1章，绪论。联系营销和管理实践，对存在的潜在问题进行提炼；阐明研究意义，陈述研究方法、技术路线与论文结构。

第2章，文献回顾与述评。结合研究问题展开文献回顾，了解已有文献

主要侧重于组织因素、个人特征因素等,发现对一线服务员工的努力意向和角色外行为的影响因素来讲,目前的文献忽视了对顾客行为的关注,特别是忽视了顾客对员工服务质量的积极评价行为和顾客针对服务员工的关系建设行为(统称为顾客的积极反馈行为),从而进一步确定了研究问题;同时,通过文献回顾,从中提出已有研究中最有代表性的关键组织因素,以便为不同因素间的比较做理论铺垫。

第3章,研究假说和理论模型的建立。为了回答研究问题,在广泛查阅消费者行为学、市场营销学、组织行为学、心理学等领域文献的基础上,提出研究假设,并构建两个理论模型。理论模型A是关于顾客积极反馈行为如何影响一线服务员工努力意向和针对组织内部的角色外行为,同时也考虑了服务员工情感性组织承诺的作用;模型B是关于顾客积极反馈行为如何影响一线服务员工针对顾客的角色外行为,同时考虑了服务员工情感性组织承诺和社会规范的作用。

第4章,研究设计。根据理论模型确定抽样对象,开发与选取测量量表,进行小规模前测,确定研究所用问卷,并检验问卷的信度效度以及模型信度效度与拟合度。

第5章,假说检验。运用结构方程模型方法,利用问卷调查从高校教师和学生、医生和其患者以及美发师、美容师和其顾客获得的配比数据,对先前提出的假设进行检验。

第6章,研究贡献、局限与展望。总结了主要的研究结论,陈述理论上的贡献和对管理实践的启发,指出存在的局限、不足,并展望了潜在的研究方向。

第 2 章 文献回顾与述评

2.1 目前关于顾客行为影响服务员工的研究成果和不足

虽然交互营销强调一线服务员工与顾客之间的相互影响,但到目前为止,交互营销的文献主要研究的是一线服务员工对顾客的影响,而关于顾客对一线服务员工产生影响的研究很少。

Grewal 和 Sharma(1991)通过文献回顾认为,销售管理方面的研究主要关注的是销售人员的特性和行为如何影响销售接触的结果(这些结果包括市场份额、顾客的满意度、顾客忠诚等)。Tzokas、Saren 和 Kyziridis(2001)的文献回顾也表明,已有的文献只是考虑了服务员工履行职责的活动对顾客行为的影响,而没有反过来考虑。或许正如 Spiro 和 Weitz(1990)所言,传统市场营销理论过分强调服务于顾客,即销售人员及销售活动应该根据顾客的需求相应地进行调整。

现存文献中尚未出现直接关于顾客反馈行为影响一线服务员工行为的研究。只有一些间接的、零星的研究,这些研究包括顾客参与方面的研究、顾客满意的后果方面的研究、绩效反馈方面的研究及服务补救方面的研究。

2.1.1 顾客参与研究

Zeithmal(1981)认为,顾客参与是指服务的购买者在服务生产与消费的同时,参加服务的规格设计和服务的传递。Silpakit 和 Fisk(1985)认为,从顾客投入角度看,顾客在参与过程中,会有智力、实体和感情三方面的投入:智力方面的投入包括信息与脑力投入;实体方面的投入包括体力与有形物的投入;感情方面的投入指顾客在同不友好或不积极的服务员工进行接触时,努力保持良好心情等而付出的努力。

Bendpudi(2003)对 2000 年以前有关顾客参与的 23 篇文献进行了回顾(发现仅含实证研究 3 篇),其中大多是研究顾客参与的内涵、分类,及其对企业生产力、服务质量的影响。在 Bandpudi(2003)综述研究的基础上,本研究对截至目前的顾客参与文献进行了回顾,发现现存顾客参与研究的重点是考察顾客参与行为对顾客自身的影响,包括对顾客感知服务质量(Dabholkar,1990;Cermak 等,1994;Binter 等,1997;Ennew 等,1999;范秀成和张彤宇,2004;Lloyd,2003;娄雪燕,2008;耿先锋,2008)、顾客满意(Czepiel,1990;Kelley 等,1990;Cermak 等,1994;Binter 等,1997;Youngdahl 等,2002;Bendapudi 等,2003)或不满意(Kellogg,1997)、顾客忠诚与保留(范秀成和张彤宇,2004;Eisingerich 和 Bell,2006;Cermak 等,1994;娄雪燕,2008)、顾客转移倾向(Ennew 和 Binks,1996)、顾客价值(FANG,2004)、顾客价格敏感性(HSIEH 和 CHANG,2004)、顾客消费情感、感知控制、顾客信任(耿先锋,2008),以及对企业生产力、企业绩效等(Binter 等,1997;范秀成和张彤宇,2004)的影响。其中,关于顾客参与对服务员工产生影响的文献仅有以下 3 篇:

HSIEH 和 YEN(2005)的研究考察了顾客参与行为对一线服务员工的工作压力(job stress)的影响,研究结果表明前者对后者有显著正向作用。

Chan、Yim 和 Lam(2010)的研究表明,顾客参与既会提高一线服务员工的工作压力,又对员工感知关系价值有促进作用,并最终降低员工的工作满意度。

Yi、Nataraajan 和 Gong(2011)研究了顾客参与对一线服务员工的(角色内)工作绩效、工作满意度、组织承诺产生积极影响,最终导致离职意向的降低;另外,该研究还表明,顾客的公民性行为通过服务员工工作满意度和组织承诺的正向中介作用而降低员工的离职意向。

已有顾客参与的研究,主要关注顾客作为合作生产者(co-producer)在服务的定义和传递过程中的所起的作用,以及顾客的参与行为对服务质量、顾客满意、顾客忠诚等的影响。但已有顾客参与的研究中,顾客的参与行为是指顾客对服务本身的设计、生产和传递的参与,顾客的其他行为(如顾客对服务质量的评价行为、对员工的关系建设行为)可能对一线服务员工产生的影响被忽视;还有,关于顾客参与对服务员工的工作态度、行为和绩效影响的研究很少,仅有的几个研究没有考虑对服务员工角色外行为的影响,虽然一线服务员工的角色外行为对服务组织的成功和发展具有非常重要的作用。

2.1.2 绩效评估相关研究

Hackman 和 Oldham(1975)把反馈定义为:工作中人们所得到的与绩效有关的信息。Herold 和 Greller(1977)根据反馈的性质符号的不同,把反馈区分为积极和消极反馈,其中积极反馈是指向被评估者表明其工作绩效良好的反馈,而消极反馈是指对被评估者的工作绩效提出批评的反馈,两位学者认为这种区分是重要的,因为积极和消极反馈不是同一尺度的两个不同端点。Herold 和 Parsons(1985)也认为,积极和消极反馈是两个相当独立的变量,应当被独立地进行分析。Pousette 等(2003)则认为积极和消极反馈具有不同的结果变量。

Myers、Johnston 和 Pearce(1991)认为,作为一种正式的反馈系统,绩效评估是指在一定时间周期(如一年)内,管理人员根据其制定的绩效标准来对下级人员的行为进行评估,并把绩效评估结果反馈给被评估者的过程。

Waldersee 和 Luthans(1994)研究了组织中正式的积极反馈和消极反馈对服务员工服务绩效和非绩效变量(员工满意、员工对组织的承诺及其对反馈的接受程度)的影响。他们通过实验表明,消极反馈对服务员工的(角色内)服务绩效有促进作用,另外,积极反馈和消极反馈对服务员工的工作满意度有负向影响。

Pousette 等(2003)认为,在人力服务组织(human service organizations)中(如医院、社会保障机构),服务员工倾向于依赖接近服务传递的反馈源,而顾客参与"工作"、在工作中做出反应,并把反馈信息传递给服务员工,因此,顾客可以被认为是服务员工直接的、经常的和重要的反馈源。这些学者把来自上司、同事、员工自身和顾客的反馈整合成一个整体构念,并把积极反馈和消极反馈视为两个不同的变量,其实证验究结果表明,积极和消极反馈对员工的工作满意度和组织承诺没有显著的直接影响,只有积极反馈通过感知角色模糊的中介作用而对工作满意和组织承诺有微弱正向显著影响,角色模糊对消极反馈的中介作用不显著。

Iigen 和 Davis(2000)提出了一个绩效反馈回路模型,阐述了消极绩效反馈的作用,该研究者以组织提供消极绩效反馈给被评估者作为最初开端,消极反馈会引发员工对绩效的认知活动(自我评估和归因),以及情感,而认知和情感又进一步影响员工的应对策略(改进或规避)等,最后又影响新的工作绩效。

360 度评估或称多源评估的基本思想是,某个员工从各种评估源获得评估信息,而不是依赖某个单一评估源(通常是上级或者同事),这样,被评估者会得到从单一评估源处得不到的更多反馈信息,这也确保了某种行为的评估者恰好是处于能够观察那种行为的最佳位置的人(DeNisi 和 Kluge,2000)。

Church、Rogelbeg 和 Waclawski(2000)针对一家跨国咨询机构的咨询师进行的 360 度评估表明,咨询师的绩效与其顾客的反馈频次的多少无关。

可见,已有的关于反馈的研究,主要把反馈局限于组织的正式绩效评估过程,这种反馈由员工的直接上司或组织高层管理部门比如人力资源管理部门实施,而没有考虑组织外部人员如顾客的反馈;或者虽然考虑了顾客的反馈,但却把顾客反馈和其他反馈源如同事、上级的反馈作为构成整体反馈构念的一个指标,而没有单独考虑顾客反馈的作用。更重要的是,已有研究主要关注反馈对员工工作态度(员工满意、组织承诺)或任务感知(如感知角色模糊)的影响,而忽略了反馈对员工实际行为的作用,特别是对员工角色外行为的作用。另外,已有关于反馈的研究主要关注反馈的性质符号,即只把反馈视为一种信息,而没有把反馈视为一种行为。

2.1.3 顾客满意的后果相关研究

Luo 和 Homburg(2007)关于顾客满意的后果的文献回顾发现顾客满意可产生四种后果,即:顾客方面的后果、效率方面的后果、员工方面的后果和组织整体绩效方面的后果;其中,员工方面的后果是一种被忽视的研究领域,其文献回顾仅发现一篇相关的研究[即 Ryan、Schmit 和 Johnson(1996)的研究]。Ryan、Schmit 和 Johnson(1996)针对某大型金融机构在北美各分行的研究表明,某个分行的顾客满意度越高,则该分行的组织气氛(含工作满意度)越积极;但其研究是组织水平(具体地讲,是分支机构水平)的,而非个体水平的。

Luo 和 Homburg(2007)的研究进一步表明,满意的顾客会吸引和留住高质量的人才,以及提升管理者的管理质量。但他们的研究也是基于组织水平的,而且是利用二手数据(数据来源于美国顾客满意指数数据库,即 American Customer Satisfaction Index,和《财富》美国最令人尊敬的公司,即 Fotune's America's Most Admired Corporations,等)。其实,此前,Heskett 等人(1994)提出的"服务利润链"概念模型中包含有类似观点,认为在员工满意和顾客满意之间存在一种回馈关系,在服务满意的顾客时员工会感到更愉快舒适,从而产生员工满意。

2.1.4 服务失败与顾客不公平交互相关研究

Bell 和 Zemke(1987),Johnson 和 Fern(1999),Craighead、Karwan 和 Miller(2004)关于服务失败的研究表明,当发生了服务失败时,顾客表现出不满或抱怨,而服务员工会采用道歉、表示同情、赔偿等行动作为补救措施。

Rupp 和 Spencer(2006)利用 123 名平均年龄为 19 岁的在校大学生进

行实验,参与者扮演一家软件公司的顾客服务电话中心的服务代表,他们在一小时的实验过程中每人接到了6个顾客的电话。其研究表明:顾客发出的不公平交互行为(即对服务代表不礼貌、不尊重、不公平地指责服务员工懒惰)会导致服务代表的情绪劳动(即员工在与顾客交互时为了管理、控制自己的情绪而付出的精力)水平增高,也使他们更难以遵守公司的情感展露规定;另外,上述关系还间接地受到服务代表恼怒情绪的中介作用。

YANG 和 Diefendorff(2009)针对香港 231 名雇员所进行的为期 25 个工作日的日记调查表明,在每天的工作过程中,顾客发出的不公平人际交互行为通过员工的消极情绪(如生气、焦虑、沮丧、惊恐等)的完全中介作用而间接地影响员工在工作场所针对组织的反生产行为(counterproductive workplace behaviors directed at the organization,如迟到、早退、撒谎、做白日梦、干私活等)。

这两个研究关注的是顾客的消极行为(即顾客针对服务员工的不公平交互)对服务员工产生的消极影响(如消极情绪、消极职场行为)。

可见,现存把顾客行为视为服务员工行为或行为意向影响因素的文献中,部分研究考了顾客对服务生产过程的参与行为及其后果;另有研究关注的是顾客不满时服务员工的补救行为,以及顾客针对员工的不公平交互行为引起员工的消极情绪和消极行为;绩效评估相关研究,把反馈作为一种信息而不是一种行为,没有独立考虑顾客反馈(尤其是积极反馈)的作用,也忽略了反馈对员工实际行为(特别是角色外行为)的影响;在顾客满意后果的研究中,虽有文献关注了满意顾客对员工满意的作用,但却是基于组织水平的分析,其中介途径不清楚,也没有进一步考察对一线服务员工行为意向或行为(特别是角色外行为)的影响。

2.2 一线服务员工努力(意向)影响因素的文献回顾

Brown 和 Peterson(1994)指出,尽管关于销售员工的工作动机、绩效和工作满意度的研究很多,但是大多研究都忽视了一个重要的变量——努力。Christen、Iyer 和 Soberman(2006)则认为,忽略了努力的作用会导致绩效模型的估计出现偏误。

同样,Bettencourt 和 Brown(1997)认为,在服务环境中,努力是一个非常重要的概念。这或许是由于服务的特性(如无形性、易逝性等)使得对服务质量的控制比对产品制造质量的控制更加困难之故(Testa,2001)。

许多研究,如 Behrman 和 Perreault(1984)、Lusch 和 Serpkenci(1990)

等,把努力当作工作绩效的一部分,这些研究中工作绩效被笼统地定义为对员工或组织而言具有重要意义的努力、技能和结果。另有少量研究,如 Bagozzi(1978)提出了狭义的工作绩效定义,即实际的销售量或其他客观的生产力指标。但是,上述这些研究都没有把努力作为一个单独的变量来加以研究;而且根据 Christen、Iyer 和 Soberman(2006)的观点:对员工来讲,努力是其对工作的投入,而工作绩效是努力的结果,努力与工作绩效应当被视为两个不同的概念。

Christen、Iyer 和 Soberman(2006)发现,尽管从 20 世纪 70 年代起,满意的员工其工作绩效也更高的观点即被广为认可,但是对这一关系的实证支持却很缺乏。本研究认为,造成这一局面的原因可能是既往的研究没有考虑努力在满意和绩效之间所起的潜在中介作用,因为以往关于绩效的大多数研究要么把努力视为广义绩效概念的一种成分而没有单独考虑努力的作用,要么完全忽略努力的作用。另外,虽然也有少量研究,如,Walker、Churchill 和 Ford(1977)把努力(作为绩效的前导变量)和绩效区分开来,但是其他因素对努力产生影响的途径并不清楚。

由于服务员工实际的努力行为往往随着行业和工作性质的不同而存在较大差异,如根据员工整体投入精力、工作小时数、给客户打电话的次数(Brown 和 Peterson,1994;Krishnan、Netemeyer 和 Boles,2002)或为顾客提供支持(Testa,2001)等;又,根据 Fishbein(1967)的合理行为理论,人的行为意向是其实际行为最关键的先导变量,其他因素对实际行为产生影响大都要经过行为意向的中介作用;而且动机理论相关文献表明,努力意向是实际努力行为的最紧密的先行变量(Locke 和 Latham,1990),因此本研究转而关注员工努力意向这个变量。

2.2.1 服务员工努力意向的独立影响因素

关于员工努力或努力意向影响因素的文献,零散地分布于组织行为学、心理学、市场营销和消费者行为学等领域。传统的激励理论通常认为,激励性因素和人的动机是销售人员努力和绩效行为的决定因素(Churchill、Ford 和 Walker,1979;Chowdhury,1993;Hart、Moncrief 和 Parasuraman,1989)。马斯洛的需要层次理论认为,人们的五种需要(即生理、安全、社交与归属、尊重和自我实现的需要)一般依照从低级到高级的顺序产生,相对于基本需要,高级需要更容易促使员工努力工作,但实证研究的结果却与理论多有不一致(李东进,2001)。阿尔德弗的 ERG 理论则认为,各种需要(生存、关系及社交、发展需要)不一定要依照从低级到高级的顺序产生,而且这三类需要可以对员工同时具有激励作用(Arnolds 和 Boshoff,2002)。赫兹伯格的双因素理论把影响员工工作积极性的因素分为激励因素和保健因素,并认为只有激励因素才能够对人的行为起激励作用,但有学者从各角度(研究方法、实证结果等)对之提出批评(House 和 Wigdor,1967)。

除了学者们的批评与质疑之外,来自实业界的许多研究也表明,当把激励和动机理论运用到实践中去的时候,只产生了中等的和较低的成功率(Hershey,1993)。

Brown 和 Peterson(1994)的文献回顾中发现,销售员工努力的影响因素有:①个性特征(如成就动机、竞争个性、功利个性、自我效能);②组织因素,包括角色感知(如角色模糊、角色冲突)、领导行为(如反馈、及时报偿)、任务特性(如任务的多样性、重要性、自主性等)和其他因素(如工作量、销售区域的潜力等)。最近,翟家保、周庭锐和曹忠鹏(2009)关于一线服务员工努力(意向)影响因素的文献回顾也基本上支持这一观点(不过又进一步提出了一类新的潜在影响因素,即顾客的积极反馈行为)。

虽然这些文献都提到了个性特征变量,不过它并不是员工努力意向的主要预测变量。

其实,理论界关于以人格特征因素作为影响某一所谓后果行为的"前导变量"的提法是否合适一直存在争论。虽然大家通常认为,确实存在一些能够影响人们在工作中的行为或态度的稳定的个人特征,但是把个人特质视为个体之间行为差异的主要原因的观点则有些误入歧途;用特质来解释组织中的种种行为时,存在两个问题:首先,组织是一种强环境(因为组织里有许多正式的规章制度以及非正式的行为规范会对个体的行为产生约束),而强环境对个体行为有巨大影响;其次,人具有高度的调适性,个体特质会根据组织环境而改变(Robbins,2001)。因此,甚至一些著名组织行为学家如美国耶鲁大学 Davis-Blake 和 Pfeffer 教授(1989)也认为,用人格特质变量来预测组织行为是"海市蜃楼"。

这也一定程度意味着,在个性特征以及这些激励和动机性因素影响服务员工努力意向的过程中可能存在着关键的中介变量。

2.2.2 情感性组织承诺的作用

2.2.2.1 情感性组织承诺的中介作用

既有文献中,个人和组织方面的独立前导变量往往通过某种途径(即通过某些中介变量)对员工努力(意向)进一步产生作用。

Pierce 和 Dunham(1987)在研究中发现,组织承诺对于那些复杂的、要求较高应变性以及需要创新性的工作更为重要,而这些被 Sager 和 Johnston(1989)认为正是直接面对顾客的一线服务员工的工作特点。

组织承诺作为一个整体构念,较早的、较概括性的一个定义来自于 Porter 及其同事,他们把员工的组织承诺定义为:员工强烈的信任和接受组织的目标和价值观,强烈渴望保持组织成员身份,并愿意为了组织的利益而投入相当多的精力(Mowday、Steers 和 Porter,1979;Porter、Steers、Mowday 和 Boulian,1974)。尽管针对上述定义有批评之声(如 Swailes,2002),然而关于组织承诺的这种态度性定义在已有文献中使用得最广泛,最被接受,并且被认为最有效力(Meyer 和 Schoorman,1992;Taylor,2008)。

随后的研究中,组织承诺通常又被分为两种:情感性组织承诺和持续性组织承诺;前者是指一个人认同并参与某个特定组织的程度(Moday、Porter 和 Stress,1982;Moday、Stress 和 Porter,1979)。后者是指员工认识到如果离职可能带来的成本而选择继续留下来(Farrell 和 Rusbult,1981)。这与 Meyer 和 Schoorman(1992)的观点相似,即认为组织承诺应包含价值性组织承诺和持续性组织承诺;持续性承诺与员工一旦离开组织时对其个人自身所造成的严重损失以及缺少其他可供选择的就业机会相联系,于是员工考虑到这些约束而不得不继续呆在目前的组织中,因此也被称为"被动的承诺"(Steers,1977)。

由于形成持续性组织承诺的原因是缺乏更好的就业机会或一旦离职会导致较大损失而不得不继续勉强地呆在组织里,它更多地与缺勤、离职等后果相关,却与员工绩效不相关(Moorman、Niehoff 和 Organ,1993;Mayer 和 Schoorman,1992)。

当研究者们把情感性组织承诺与持续性组织承诺分别考虑时,发现只有情感性组织承诺与员工工作绩效显著正相关(Meyer、Allen 和 Smith,1993;Meyer 等 1989)。而 Organ 和 Ryan(1995)的元分析表明,员工情感性承诺同其利他行为和遵从行为正相关,而持续性承诺却与这些行为不相关。Meyer 等人(2002)的元分析也得出类似于 Organ 和 Ryan(1995)结论。此外,Tepper(2000)研究了攻击性监管行为(abusive supervision)可能造成的后果,发现对于那些继续留在组织中的下属而言,攻击性监管与他们的工作和生活满意度、规范性和情感性组织承诺负相关,却与他们的持续性组织承诺、心理忧伤(distress)正相关。

也有观点认为组织承诺由情感性承诺、规范性承诺和持续性承诺三个维度构成(Meyer 和 Allen,1997)。其中,规范性组织承诺的形成受一个人在进入组织之前的经历(家庭或文化的教化)和进入组织之后的经历(组织中的社会化)影响(Wiener,1982)。但是,Cohen(2007)关于这一三维度组织承诺的文献综述表明,持续性组织承诺存在概念上的模糊性,而情感性和规范性组织承诺之间则存在概念上的重复和冗余。Clercq 和 Rius(2007)认为,情感性组织承诺与规范性组织承诺都反映了员工与组织的感情联系程度,他们针对墨西哥中小企业的实证研究表明二者缺乏区别效度。

考虑到:第一,持续性承诺作为一个独立的维度存在的主要原因是它(相对于其他维度来讲)与员工的离职意向和离职行为具有更强的相关性(Mayer 和 Schoorman,1992);第二,作为一种对应该离职或继续留职的理性的认知,持续性承诺被认为是规范性和情感性承诺的影响因素之一(Malhotra、Budhwar 和 Prowse,2007),因而一定程度上失去了使研究者把它和其他类型承诺一样加以独立考虑的必要性;第三,持续性承诺与本研究所关注的主要结果变量——出于自愿的努力意向和出于自愿的角色外行为——在性质上相抵触。另外,根据 Meyer 和 Herscovitch(2001)的观点,伴随着不同形式承诺的是员工的不同思维活动,因此具有不同的行为意涵。他们指出,相对于规范性和持续性组织承诺,情感性组织承诺能导致更多的结果变量,而且对某个特定结果变量的影响更强大。

因为不同类型的承诺所隐含的原因不同,它们所引起的结果往往也不同,而本研究考虑的努力和角色外行为这两种结果变量都是指员工自愿的有益于组织的行为,所以本研究只关注情感性组织承诺的作用,而没有把持续性承诺作为一个主要前导变量纳入研究模型,以便使本研究的理论模型更加重点突出、更加精简些。

销售管理方面的文献表明,员工的情感性组织承诺能够显著地积极影响员工的努力程度(Ingram、Lee 和 Skinner,1989)。类似地,Bagozzi(1992)认为,销售努力意向是销售人员组织承诺的行为性结果。

Fu、Bolander 和 Jones(2009)针对一家人力资源服务公司的销售员工的研究表明,在同时考虑情感性、持续性和规范性组织承诺对员工努力的作用时,只有情感性组织承诺对员工的努力程度产生显著正向影响,其他两种承诺则对努力无显著影响。

因此可以说,服务员工的情感性组织承诺能够对其努力意向产生显著的正向影响。

但是,又有哪些因素会影响员工的情感性组织承诺呢?

Hachman 和 Oldham(1979)任务特性模型指出,工作或任务的五种特性即任务的技能多样性、任务的整体性、重要性、自主性和反馈性会提高员工的内在工作动机、努力程度和工作绩效。内在动机是指人们由于行为自身的原因而做某种行为,为了体验到行为本身所固有的快乐和满足(Deci、

Connell 和 Rya,1989)。Ganesan 和 Weiz(1996)以及 Parker 等(2003)的研究发现,员工的内在动机(因为工作自身的特性而引起的动机)会正向显著地影响员工对组织的情感性承诺。

Matzler 和 Renzl(2007)的研究表明,员工的个性特征对员工满意产生影响(已解释变异为 21%,具体而言,神经质个性有负向影响,而宜人性格有正向影响,谨慎敬业个性无影响),进而通过工作满意度间接地影响员工的情感性组织承诺(满意对承诺的已解释变异为 34%)。最近,Stumpp(2009)的研究表明,四种核心的自我评价或个人特质(即自尊、自我效能、神经质个性和内外控倾向)对员工的工作满意度和情感性组织承诺产生影响。

Chen、Hwang 和 Liu(2009)的研究表明,关心型的领导方式会显著正向影响员工的组织承诺水平,进而间接地影响其自主工作行为。Fox 和 Dale(2008)针对一家大型制造企业员工的研究表明,关心型领导行为对员工情感性组织承诺具有直接和间接(通过角色压力)的影响。

Saks(1995)的研究表明,组织对员工进行培训会强化和维持员工对组织的承诺。Malhotra、Budhwar 和 Prowse(2007)针对英国一家大型零售银行的呼叫中心员工的研究表明,员工对升职机会满意、员工参与决策、工作自主性和角色清晰性能够提升员工的情感性组织承诺水平。

Taylor 等(2008)针对 10 家跨国公司的研究表明,应变性的组织文化能提高员工的情感性组织承诺。Lok 和 Crawford(2001)、Bergman(2006)以及 Mathew 和 Ogbonna(2009)的研究发现,支持性的组织文化会强化员工的情感性组织承诺水平。

可见,个性特质、任务特性、领导支持、高绩效人力资源政策(如培训、员工参与决策)和组织文化会影响员工情感性组织承诺。

2.2.2.2 情感性组织承诺的其他预测变量

也有学者提出一些综合性的概念或变量作为情感性组织承诺的预测变量,这些综合性变量通常在上述各种前导因素(如任务特性、领导行为等)与情感性组织承诺之间起中介作用,主要包括工作满意度,感知组织支持,以及感知组织公平和感知心理安全。

1. 工作满意度

Hulin 和 Judge(2003)认为,工作满意度指员工对其从工作中获得的愉悦程度的评估性判断。Organ(1990)认为,工作满意度这一构念虽然含有一定的情感成分,但是更多地反映了员工对其工作状况的认知性评价。

Anderson(1984)对零售商店员工的调查表明,五种工作特性会显著地影响员工的工作满意度。Lusch 和 Serpkenci(1990)针对零售业的研究表明,零售店经理人员的成就导向、整体自尊能够正向显著影响其工作满意度,而工作压力则对满意度产生显著负向影响。

Christen、Iyer 和 Soberman(2006)的研究表明,利润分享计划、工作自主性、工作吸引力、领导反馈、组织中的良好同事关系和工作满意度显著正相关;员工的努力和能力对其工作绩效产生显著正向影响。Testa(2001)针对游轮航行员工的研究表明,员工对工作各侧面(薪酬、升职机会、上司、同事和工作本身)的满意认知会导致员工对组织的情感性承诺,最终显著正向影响员工的服务意向。

根据 Brown 和 Peterson(1994)对 59 项实证研究的元分析的结果,员工的角色压力感知(角色冲突和角色模糊)对工作满意度具有最强大的(负向)影响,其次是领导者行为和任务特性的影响力,最后是个性特质变量;另外,工作满意度在角色压力感知影响组织承诺过程中起中介作用。Brown 和 Peterson(1994)的元分析还表明,员工的组织承诺(指情感性承诺)是员工工作满意度的结果,而不是工作满意度的前导因素。

还有研究进一步比较了工作满意度和组织承诺的相对重要性。Testa(2001)针对服务员工的研究表明,员工的工作满意度解释了其组织承诺 70%的变异,而组织承诺则解释了工作满意度 91%的变异;另外,Testa(2001)进行模型比较后发现,组织承诺在工作满意和努力之间起中介作用的模型的拟合度要明显优于工作满意在组织承诺和努力之间起中介作用的模型。

可见,员工情感性组织承诺是其工作满意度的结果,是员工行为(努力、离职等)更直接的预测变量。

2. 感知组织支持

Eisenberger 等(1986)把感知组织支持(POS)定义为:员工关于组织在多大程度上珍视其贡献和关心其福祉的认知,这反映了组织对员工的承诺程度。感知组织支持被认为满足了员工想要获得支持、归属和自尊方面的社会需要。据现有文献,其前因变量几乎包括除了人格特型变量之外的所有的任务特性、角色感知和领导行为方面的因素。

Linda 和 Stephen(2001)的研究显示,员工在工作中的经历(如报酬、程序公平和上级支持)通过影响其感知的组织支持,进而又对员工情感性组织承诺产生影响。Randall 和 O'Driscoll(1997)对新西兰和爱尔兰的 4 家牛奶与乳制品公司员工的研究表明,感知组织支持与员工对组织的情感性承诺高度相关(相关系数达到 0.61,P=0.05),而感知组织支持与员工对组织的持续性承诺低度相关(二者的相关系数仅为 0.20,P=0.05)。这与 Fu、Bolander 和 Jones(2009)的研究结论相似,其结论为:员工感知组织支持对情感性组织承诺产生积极的强大影响(r=0.52),对持续性承诺有中度负向作用(r=-0.32),对规范性组织承诺却没有影响。

Wang(2009)针对台湾大型超市连锁一线服务员工的研究表明,感知组织支持会显著正向影响员工情感性组织承诺。所以,感知组织支持通常被认为是员工情感性组织承诺的前导变量(Allen、Shore 和 Griffeth,2003)。

另外,Simons 和 Roberson(2003)对一家跨国酒店管理公司的研究表明,组织中的程序公平和人际交互公平对员工的情感性组织承诺产生显著正向影响(进而间接地影响员工的自主服务行为)。Clercq 和 Rius(2007)的研究则发现,员工感知的心理安全对员工的情感性组织承诺具有显著正向作用。而感知心理安全的影响因素包括领导支持、角色清晰等。

由上述,可知员工感知组织支持、组织公平和心理安全往往中介了其他因素对情感性组织承诺的影响。

总之,由以上文献回顾可知,对于可能影响一线员工努力意向的因素,较早前的研究主要把员工个性特征、员工角色感知、任务特性、领导行为等作为独立影响因素;近期的研究则发现,员工的情感性组织承诺在上述关系中扮演关键的中介作用,而且是员工努力意向主要的、最直接的前导变量。

2.3　服务员工角色外行为影响因素的文献回顾

Katz 和 Kahn(1966)认为,有三种员工行为对组织的有效运作起重要作用,即:员工决定加入和留在组织中,员工以可靠的方式履行所规定的岗位职责,以及员工从事规定职责之外的创新性和自发性的活动。第三种行为被 Katz(1964)称为"角色外行为(extra-role behaviours)",亦被 Bateman 和 Organ(1983)称为"组织公民行为(organizational citizenship behaviours, OCB)"。

Organ(1988)认为,如果组织成员不能够像良好的公民那样行事,不能够进行各种积极的行为,组织就难以生存与发展下去。Bell 和 Menguc (2002)认为,服务员工的行为在影响顾客感知的服务质量方面起着关键作用。Yoo 和 Suh(2003)研究进一步表明,一线服务员工的角色外行为与服务质量存在正向相关关系。

Wels-Lips、VanderVen 和 Peiters(1998)的研究发现,在顾客所报告的高度积极的顾客服务经历中,高达 55% 的比例是由服务员工"未经(顾客)

提示和未经(顾客)要求"的行为(un-prompt or un-asked for)而引发的。Borman 和 Motowidlo(1993)认为,在与顾客打交道以及把组织向外部人士进行展现的过程中,服务型企业特别需要员工的角色外行为。

可见,服务员工的角色外行为对服务企业的发展和成功具有重要意义。尽管如此,不过正如 Moorman(1991)发现的那样,在服务型组织中,虽然一线服务员工负有妥善与顾客交往以及对外界扮演着象征组织的特殊职责,但是很少有研究关注一线服务员工的角色外行为。

2.3.1 角色外行为的概念

Alanwitt 和 Wilson(1991)认为角色外行为是指组织中的社会性责任行为(socially responsible behaviors),这些行为超出了最低限度的角色要求,不是某项工作事先所规定或要求的内容,但却对组织的成功具有重要作用。

Bateman 和 Organ(1983)用"组织公民行为"(OCB)这一术语来命名一个组织中员工的角色外类型的行为。虽然后来一些研究者不断拓宽组织公民行为的内涵,甚至弱化了其最初的"规定职责之外"(即角色外)的性质,即把某些角色内性质的行为也纳入进来,而只强调"自主性"的特点(如 Organ,1997),但仍有许多学者坚持认为,组织公民行为的基本特征是这种行为具有角色外的性质。如:Schnake(1991)认为,"组织公民行为"是一种功能性的、角色外的、亲社会的行为,可以指向个人、团队或组织。

Organ(1988a)把 OCB 定义为:是指员工的那些总体上能够有助于组织有效运作的行为,但是这些行为既不是个人的工作要求,也不受组织正式系统的直接认可和奖励。Organ(1988b)认为"组织公民行为"必须具有角色外的特征。

Dyne 和 LePine(1998)认为,角色外行为具有三个特点:第一,没有受工作职责的事先规定;第二,不被正式的组织报酬体系认可;第三,员工如果没有做这些角色外的行为的话,不会引起惩罚性的后果。

Morrison(1994)甚至质疑学者们是否对角色内和角色外行为的区别有一个清晰的、一致的意见。而且其调查结果也表明,许多被以前的学者们认为是角色外的"组织公民行为",实际上却经常被员工及其上司认为属于角色内行为。

作为对 Morrison(1994)的质疑和批评的回应,Organ(1997)重新定义了"组织公民行为",即改变了他本人原来对"组织公民行为"的定义,认为未来的研究在描述或定义"组织公民行为"时不应该再指出是角色外行为(而强调"组织公民行为"的自愿和自主性质等)。也就是说,Organ(1997)对组织公民行为的新定义既包括角色内的行为,也包括角色外的行为。

Vey 和 Campbell(2004)认为,由于 Organ(1997)忽略了"组织公民行为"原来定义中所强调的角色外性质(而把一些具有角色内性质的行为,如员工自觉地遵守公司的规章制度等也纳入"组织公民行为"范畴),Organ(1997)对"组织公民行为"的重新定义其实是提出了一个不同于原来的、甚至与原来"组织公民行为"概念相冲突的另一个新概念;Vey 和 Campbell(2004)还遗憾地指出,随后的研究者中很少有人关注并认真区别 1997 年前后 Organ 对"组织公民行为"的不同定义。

由此可见,研究者们应该在概念上认真地区别员工的角色内行为和角色外行为,以使其研究更加切合实际情况。

同 Allen、Barnard、Rush 和 Russell(2000)、Donaldson、Ensher 和 Grant-Vallone(2000)、Mackenzie、Podsakoff 和 Rich(2001)等研究者一样,本研究也认为"组织公民行为"应该是角色外的行为。

2.3.2 角色外行为的类型

以往的相关研究主要是考察员工针对组织整体以及内部成员的角色外行为(可称为针对组织内部的角色外行为),而本研究进一步考察了一个比较新的变量:一线服务员工针对顾客的角色外行为。

2.3.2.1 针对组织内部的角色外行为

由于角色外行为与组织公民行为存在较深的渊源,所以此处不得不提及组织公民行为的维度,虽然有些维度在内涵上具有角色内性质。学术界对于组织公民行为所包括的维度数目尚未达成一致认识(LePine、Erez 和 Johnson,2002),其中,被研究的最多、研究结论也最为一致的一个维度是员工帮助同事的行为(通常被称作组织中的"利他行为"),这也是一个具有角色外性质的、针对组织内部成员的维度(CHUANG 和 LIAO,2010)。关于组织公民行为维度的主要分类如下。

(1)三维度 Podsakoff 和 MacKenzie(1994),以及吴志明,武欣(2005)认为"组织公民行为"包括三个维度:helping(助人行为)、civicvirtue(公民美德)、sportsmanship(运动员精神)。

(2)五维度 Organ(1988)以及 Organ(1994)认为"组织公民行为"包括五个维度,即:勤勉敬业(conscientiousness,指自发地、超出工作要求之外的行为)、运动员精神(sportsmanship,指关注积极而非消极方面、容忍小困难而不抱怨)、公民美德(civicvirtue,指关心公司的形象和发展)、谦恭礼貌(courtesy,指行为时避免给别人带来麻烦)、利他主义(altruism,指在任务方面帮助其他员工)(前三种行为主要使整个公司受益,后两种行为主要使具体个人受益)。

Farh,Earley 和 Lin(1997)针对台湾样本的研究认为"组织公民行为"有五个维度,即利他行为(altruism toward colleages)、勤勉敬业(conscientiousness)、认同组织(identification with organization)、人际和谐(interpersonal harmony)、保护组织资源(protecting organization resources)。

根据 Farh 等(1997)关于中华文化环境下"组织公民行为"的研究可知,西方文献中的运动员精神和谦恭礼貌维度在中华文化下并未出现,而且其研究也未仔细区分角色内和角色外行为。

(3)单维度基于"组织公民行为"各维度之间的高相关性,以及对"组织公民行为"的角色外性质的坚持,有些学者认为应该把使用比较广泛的五维度——"组织公民行为"量表中具有角色外性质的维度——和题项合并起来,成为一个新的单一维度的"组织公民行为"量表,即"角色外行为"量表。如 CHEN 等(2009)关于角色外行为的研究。

另外,还有研究者根据行为所指向对象的不同提出二维度观点(不过这种关于组织公民行为的分类也未关注角色内与角色外行为的区别)。如,Williams 和 Anderson(1991)把"组织公民行为"分为有利于组织中的其他成员个人的行为(OCB-I)和有利于组织整体的行为(OCB-O)两个维度。其实这种区分是对五维度分类的重新组合与划分,OCB-I 主要是指针对组织其他成员的利他行为,OCB-O 则包括运动员精神、公民美德等。

2.3.2.2 角色外与角色内行为的区别

较早期的研究大多数并没有区分组织公民行为各维度究竟属于角色内还是角色外性质,近期的研究则开始关注这个问题。

Vey 和 Campbell(2004)对一家大型超级市场的 149 名收银员及 99 名管理者对所谓的 OCB 行为进行归类,看哪些行为被视为角色内行为和角色外行为,其实证结果发现,Organ(1994)的 5-维度 OCB 量表所包含的 30 个题项所描述的行为中,17 项行为被认为属于"角色内行为"(按照收银员及管理者的归类一致程度达到 85% 以上来计算);按维度来讲,勤勉敬业和谦恭礼貌两个维度被归为角色内行为,利他行为和公民美德两个维度被归为角色外行为,运动员精神则被角色内和角色外行为所瓜分。

也就是说,当一种行为被管理者(主要指员工的直接上司)视为角色内行为时,即使这种行为没有被组织的规章制度明文确认属于员工的分内工作职责(即角色内行为),但是由于管理者可以对员工在工作中的行为进行观察、评估和给予报酬,因此这种行为也具有"角色内"性质(Becker 和 Kernan,2004)。

由于部分"组织公民行为"被员工和员工的上司认为是角色内的义务或作为员工绩效评价的内容,从而与其的本来含义所强调的"角色外"特性相违背,所以本研究主要关注利他行为和公民美德。

由以上所述可知,组织中的"利他行为"是西方和华人样本中都出现的角色外行为维度,被广泛认为具有角色外性质,也是 CHEN 等(2009)研究中的"角色外行为"的重要构成成分。

2.3.2.3 一线服务员工针对顾客的角色外行为

就一线服务员工的角色外行为所指向的对象而言,除了针对组织整体和组织中的其他个人外,近来的研究还关注服务员工的一种比较新的角色外行为,即一线服务员工针对顾客的角色外行为(extra-role behavior directed at customers,ERBC)。

Borman 和 Motowidlo(1993)把服务员工针对顾客的角色外行为看作是员工超出其岗位要求的绩效(关联绩效)的一部分,是员工以良好的方式把组织展现给顾客的行为。

Netemeyer 和 MaxhamⅢ(2007)把服务员工针对顾客的角色外行为定义为:在服务顾客的过程中,服务员工超过岗位职责的要求、更进一步地帮助顾客的行为。本研究认同这一定义。

2.3.3 员工角色外行为的前导变量

2.3.3.1 情感性"士气"变量和组织因素变量的预测作用

Organ 和 Ryan(1995)的元分析发现了两种主要的用以解释员工组织公民行为(含角色外行为)原因的理论体系:一种是回馈性理论,这种理论认为,员工之所以从事这些行为,是为了回馈雇主对他们的公平或良好的对待。另一种是个性特质理论,认为谨慎敬业、积极个性、消极个性和宜人个性会显著影响员工的组织公民行为(含角色外行为),但是关于这个理论的实证结果却令人沮丧。

不过,Organ 和 Ryan(1995)的元分析把组织公民行为作为一个整体构念,而没有进行分维度研究。后来,Podsakoff 等(2000)对 1998 年之前有关 OCB 的实证研究进行了文献综述,其文献综述较之 Organ 和 Ryan(1995)

的综述有两大进步:①除了态度型和人格特质型预测变量之外,进一步发掘出更多的组织因素成为预测变量(如角色感知、组织特征和领导者行为变量);②除了整体的 OCB 之外,还进一步对 OCB 各维度的预测变量加以综述。其中,与员工角色外行为(主要是 OCB 中的利他行为或公民美德行为维度)的相关关系达到显著水平的前导变量包括:①情感性"士气"变量或个人态度变量(工作满意度、感知组织公平、组织承诺);②个体差异变量,包括人格特性中的勤勉谨慎、积极的性情、宜人的性格、对报酬的冷漠性;③个体的角色感知(角色模糊和角色冲突);④组织特征中的群体凝聚力和感知组织支持;⑤领导者行为中的绩效报酬行为、非绩效惩罚行为、角色阐述、支持性领导行为以及与领导—成员交换理论一致的行为。

更进一步地分析可知,情感性"士气"变量(工作满意度、感知组织公平、组织承诺)、角色感知变量、领导行为变量和组织特征变量比其他因素对角色外行为的影响更大些,如情感性"士气"变量与角色外行为的相关系数绝对值达到 0.23～0.31,角色感知变量与角色外行为的相关系数绝对值达到 0.18～0.27,领导行为变量与角色外行为的相关系数绝对值达到 0.09～0.36,组织特征变量与角色外行为的相关系数绝对值达到 0.14～0.31。

Podsakoff 等(2000)的综述研究也表明,个体差异变量与员工角色外行为之间的关系比较弱(除谨慎敬业个性与角色外行为之间的相关系数为 0.22 外,其余个体差异变量与角色外行为之间的相关系数绝对值界于 0.08～0.17 之间)。也就是说,组织因素变量(包括角色感知、组织特征、领导行为)和情感性"士气"变量是员工角色外行为的核心预测变量,而个体差异变量则不是员工角色外行为的主要预测变量。

关于个体差异变量不是员工角色外行为的主要预测变量的观点,还有以下一些理由来解释:①理论界有观点认为,在组织环境下,人格特性变量不能够有效预测员工的行为,如 Davis-Blake 和 Pfeffer(1989)认为用人格特质来预测组织中行为像"海市蜃楼"一样,脱离实际;②有研究发现,个体差异变量对员工行为发生影响的过程需要借助于其他中介变量的中介作用,但是这种中介作用很弱。例如:

Geoge(1992)对有关人格特征变量是否能够有效预测组织中员工的行为(包含角色外行为)加以进一步阐述,他从人—环境匹配的视角出发,认为内在情感状态(internal states)反映了人与环境的匹配程度,因此人格特征需要通过人在工作中的内在情感状态(如工作中的心情,mood at work)的中介作用来影响员工的行为。

不过,现存文献中涉及个人差异变量与员工角色外行为之间可能存在的中介作用的研究也表明,这种中介作用的强度往往很弱。如:Matzler 和 Renzl(2007)的研究表明,个性特质变量通过员工工作满意的中介作用 (0~0.157)而对员工情感性组织承诺产生影响。Judge、Heller 和 Klinger (2008)把"大五个性"、积极消极性情和核心的自我估计变量(包括内外控倾向、自尊、整体自我效能)同时作为工作满意度的预测变量,并进行了时序研究,其研究结果表明:只有核心的自我估计变量与工作满意度显著相关,但是相关系数仅为 0.06。

由上可知,个人特性变量不是员工角色外行为的主要预测变量,而情感性"士气"变量和组织因素变量是员工角色外行为的核心预测变量。

2.3.3.2 情感性"士气"变量和感知组织支持的中介作用

正如 Podsakoff 等(2000)在其综述性研究中所言,他们的综述是基于前导变量与员工角色外行为之间的两两相关系数,然而,当引入其他前导变量作为中介变量后,某一前导变量是否仍然与角色外行为显著相关却不得而知,他们呼吁未来的研究要关注中介变量的作用。

本研究响应 Podsakoff 等(2000)的号召,在 Podsakoff 等(2000)研究的基础上,进一步回顾了 Podsakoff 等(2000)之后(1997 年之后)最近十几年的研究成果,对前导变量与员工角色外行为之间关系中存在的中介作用加以概括、总结。

1. 情感性士气变量的中介作用

其实,Podsakoff、MacKenzie、Paine 和 Bachrach(2000)也曾经指出,工作满意度在角色特征与 OCB(含角色外行为)之间,以及感知组织公平在领导行为与 OCB(含角色外行为)之间,可能分别起中介作用。而且,只有情感性(而不是持续性)组织承诺与组织中的利他行为(一种角色外行为)显著相关。

上述观点也受到实证研究的支持,如,Crede 等(2007)的研究表明,在宏观经济因素、职场事件、工作特性和人格特性因素影响员工组织公民行为的过程中,员工工作满意度起中介作用,不过中介作用很弱(工作满意度到公民行为的路径系数仅为 0.07~0.23)。Podsakoff 和 MacKenzie(1993)的综述性研究表明,领导行为(领导成员交换关系,LMX)等通过工作满意度的中介作用来对员工组织公民行为(含角色外行为)产生影响。较早期的实证研究结果也支持员工工作满意度与其组织公民行为之间的显著关系(Bateman 和 Organ,1983;Smith、Organ 和 Near,1983;Motowidlo、Packard 和 Manning,1986;Organ 和 Konovsky,1989)。

Piliai、Schriesheim 和 Williams(1999)的研究表明,感知程序公平在变革型领导行为影响员工的组织公民行为(包含角色外行为)过程中起中介作用。

Zhang 和 Agarwal(2009)以及 Burney、Henle 和 Widener(2009)的研究分别表明,人力资源管理中的一些措施(包括授权\沟通\满足员工的心理契约)和组织中实施的战略性绩效衡量方式(即通过财务和非财务的补偿合约安排来使员工的注意力和行为与组织的目标相一致)通过员工感知的组织公平性的中介作用而影响员工的角色外行为。

Meyer 等(2002)对组织承诺的元分析表明,情感性组织承诺的前导变量为角色感知、变革型领导行为、组织对员工的投资(如培训)等,而结果变量则包括角色内和角色外行为等。这说明情感性组织承诺也会在组织境况因素和员工角色外行为之间起中介作用。

2. 感知组织支持的中介作用

学者们近来研究比较多的一个概念:感知的组织支持(POS)也值得注意,它也往往被认为在其他前导变量与角色外行为之间起中介作用。"感知组织支持"是指员工对于组织重视其贡献、关心其福祉的程度的总体感知。感知组织支持的形成有赖于员工的两种重要认知:一是对组织的人格化认知(给组织赋予人的特性,把领导者个人的行为看作组织整体的行为);二是对出于组织自由意志(而非外力约束)的报酬的认知。

Rhoades 和 Eisenberger(2002)关于感知组织支持的元分析表明,感知组织支持的前导变量主要有组织公平、上级的支持以及良好的工作条件和薪酬;感知组织支持的主要结果变量有:员工的积极态度(如,工作满意、情感性组织承诺)和员工行为(如,员工的角色内和角色外行为、降低的离职率)。由这个元分析可知:第一,感知组织支持在其他组织境况因素(工作条件和薪酬、领导行为)和员工角色外行为之间起中介作用;第二,感知组织支持是组织公平的结果变量,而且感知组织支持在组织公平影响员工角色外行为的过程中起中介作用。第二个观点也获得其他学者研究的支持。例如,PeelleⅢ(2007)、Wayne 等(2002)以及 Moorman、Blakely 和 Niehoff(1998)的研究都表明,感知组织公平会导致感知组织支持,感知组织支持进一步导致角色外行为;另外,根据感知组织支持的测量量表(Rhoades、Eisenberger 和 Armeli,2001),其中含有若干与组织公平的概念接近测量题项,如"雇主重视我对组织所做的贡献""雇主关心我在工作中的满意程度"(类似分配公平),"雇主很在意我的意见"(类似程序公平),"雇主对我漠不关心"(类似人际交互公平),因此我们甚至可以把感知组织公平看作是感知组织支持内容的一部分。

很自然的一个问题是:感知组织公平、工作满意、感知组织支持和情感性组织承诺之间的关系是怎样的?它们中哪一个是员工角色外行为最强大的预测变量?

2.3.3.3 情感性组织承诺的突出作用

1. 情感性组织承诺是工作满意度、感知组织公平、感知组织支持的结果变量

Mathieu(1991)通过一系列模型比较后认为,虽然工作满意度与组织承诺具有互馈性的相关关系,但是满意对承诺的影响更大,而不是相反。

另外,以 Bagozzi(1992)提出的自我调控模型作为理论框架,Testa(2001)把员工工作满意度看作评价过程,把员工组织承诺看作情绪反应,把员工服务努力看作应对活动,构建了一个概念模型,并相应地提出一个比较模型(即把工作满意度与情感性组织承诺的位置互换),以游轮服务员工为样本的实证研究表明,所提出的原概念模型相对于比较模型而言更合理,也即,员工工作满意度导致员工情感性组织承诺,员工情感性组织承诺进而导致员工的行为。

随后,Aryee、Wyatt 和 Min(1995)对专业会计人员的研究以及 Todd Donavan、Brown 和 Mowen(2004)对顾客服务员工的研究都表明类似结果,即员工的工作满意度越高,其组织承诺水平也越高。

Williams、Pitre 和 Zainuba(2002)的研究表明,在三种组织公平(报酬公平、程序公平和交互公平)中,分配公平(即报酬公平)与 OCB 的任何维度都不相关,只有交互公平与 OCB 角色外维度中的运动员精神显著相关;而且,三种公平维度中没有一个与利他行为和公民美德维度(也即,员工针对组织成员的角色外行为)之间存在显著相关关系。这也意味着,感知组织公平并不是员工角色外行为的主要预测变量,在感知组织公平和角色外行为之间还可能进一步存在着一些中介变量。

Meyer 等(2002)关于组织承诺的元分析表明,组织公平是组织承诺的预测变量。Walumbwa、Wu 和 Orwa(2008)的研究,感知程序公平(组织公平的一种)会导致员工对上司的满意(工作满意的一种)和组织承诺。

Rhoades 和 Eisenberger(2002)关于感知组织支持的元分析表明,员工的情感性组织承诺是感知组织支持的主要结果变量之一。Rhoades、Eisenberger 和 Armeli(2001)的研究表明,在感知组织公平和上级支持对员工情感性承诺产生影响的过程中,感知组织支持起着完全中介作用;Loi、Hang-

Yue 和 Foley(2006)的研究表明,感知组织支持完全中介了感知组织公平对情感性组织承诺的影响。

综上,因此可以说,1)情感性组织承诺是感知组织公平、工作满意度、感知组织支持的结果变量;2)相对于员工工作满意度和感知组织支持而言,感知组织公平是距离情感性组织承诺更远的预测变量。

2. 情感性组织承诺是员工角色外行为的重要预测变量

Scholl(1981)发现,当期望—效价或公平条件无法达成或不起作用时,(价值性)组织承诺扮演了一种稳定力量,促使人们保持既有的行为方向。Weiner(1982)认为组织承诺在本质上可以解释那些不有赖于强化或惩罚而发生的行为。由于员工角色外行为是自觉发生的,而且其发生往往并不能得到组织正式的报酬,因此组织承诺就无疑是一种有意义的决定因素。因此可以说组织承诺水平越高的员工,其表现出来的角色外行为程度也可能越强。这些早期的有关组织承诺的研究中的组织承诺是所谓的"价值承诺"或"态度承诺",实际含义与后来的情感性组织承诺接近。

许多实证研究也支持情感性组织承诺对角色外行为的积极影响:Liu(2009)针对若干跨国公司在中国大陆的 37 家分公司的 162 名外籍人员的研究发现,员工的情感性组织承诺完全中介了员工感知分公司的支持对其组织公民行为(针对组织的 OCB-O)的积极影响。Wang(2009)针对台湾服务业中一线服务员工的研究表明,情感性组织承诺有效地中介了感知分公司的支持对组织公民行为的积极影响。

Organ 和 Ryan(1995)对组织公民行为前导变量进行的元分析表明,只有员工的情感性组织承诺与其组织公民行为(含角色外行为)显著相关,而员工的持续性组织承诺与其公民行为不相关。另外,Feather 和 Rauter(2004)针对澳大利亚中学教师的研究表明,当用组织公民行为(含角色外行为)与一些可能的前导变量一起作相关分析时,组织公民行为与工作满意度、工作特性、组织形象认同、工作不安全性以及性别都不具有相关性,而与情感性组织承诺显著相关。

Shore、Barksdate 和 Shore(1995)以及 Allen 和 Meyer(1996)研究表明,员工的情感性组织承诺与员工利他行为(一种角色外行为)的相关性要高于它与员工的组织遵从行为(可视为一种角色内行为)的相关性。

Meyer 和 Herscovitc(2001)认为情感性组织承诺之所以对员工行为产生更强大、更广泛的影响,除了由于:第一,情感性组织承诺从定义上和概念的操作化方面都比持续性承诺和规范性承诺更加宽泛;还因为:第二,与情感性组织承诺相伴而生的是一种"渴望"的心思(a mind-set of desire),而不像持续性承诺和规范性承诺,与他们相伴而生的是感知到的成本或义务。

Schapp(1998)的层次回归分析(Hierarchical regression analyses)研究发现,当把员工工作满意度、感知组织公平和情感性组织承诺三者同时加以考虑,来比较这三个变量对员工角色外行为的相对影响力大小时,只有情感性组织承诺对员工角色外行为的影响最显著。

所以,本研究认为,相较于感知组织公平、工作满意度和感知组织支持,情感性组织承诺是距离员工角色外行为更近的,也是更有效的预测变量。

3. 情感性组织承诺在其他主要认知过程与员工角色外行为之间起中介作用

近年来新出现的与员工角色外行为有关的评价过程主要包括:心理契约满足/违背和感知反馈性组织环境。

(1)心理契约违背/满足

虽然从起源和概念上讲,心理契约是指在员工与组织(雇主)之间的交换关系中,一方对于另一方应该得到什么和付出什么的一系列期望,也就是说,是涉及雇主—员工双方的互馈型期望(Morrison 和 Robinson,1997),但是目前文献中,研究者们倾向于关注当组织(雇主)一方的行为没有满足(或满足了)员工的期望时的情况(Cullinanne 和 Dundon,2006),这或许是由于组织(雇主)管理失败或者市场压力造成组织不能满足员工的期望成为常态,以至于员工非常渴望自己期望能够被组织满足(Guest 和 Conway,2002)。

Lester 等(2002)的研究表明,感知雇主心理契约违背会导致员工组织承诺的降低。Robinson 和 Morrison(2000)的研究表明,感知心理契约违背会造成员工的工作满意度、留职意愿以及角色内和角色外行为水平都降低。而 Battisti 等(2007)认为,心理契约的满足会导致员工感知组织公平和情感性承诺水平的提高。

因此可以说,心理契约违背(或满足)可以降低(或提高)员工的工作满意度、感知组织公平、情感性承诺和角色外行为。

Restubog 等(2006)对 IT 员工的研究表明,情感性组织承诺完全中介了心理契约违背对员工的公民美德行为(一种角色外行为)的影响。

最近,ZHAO 等(2007)关于心理契约违背的元分析表明,在心理契约违背对员工行为(包括离职、角色内和角色外行为)产生影响的过程中,情感性组织承诺起着完全中介作用。

而 Vigoda-Gadot 和 Angert(2007)的时序性研究则发现,工作满意度对利他行为(组织公民行为的一个角色外性质的维度)没有显著作用。

由上可知,在心理契约违背(或满足)影响员工角色外行为的过程中,情感性组织承诺起着主要的中介作用。

(2)感知反馈性组织环境

Steelman、Levy 和 Snell(2004)认为,反馈性环境是指一种强调反馈的重要性的组织文化或心理氛围,它通过在日常组织生活中组织领导或同事向员工提供高质量的、易得到的反馈以及员工主动地寻求反馈而形成。

Norris-Watts 和 Levy(2004)进一步的研究表明,情感性组织承诺在感知反馈性组织环境与组织公民行为中的利他行为、公民美德和谨慎敬业三个维度之间的关系中起完全中介作用;由于前两个维度具有角色外性质,因此可以说,相对于反馈性组织环境,情感性组织承诺对员工角色外行为的影响更强大、更直接。

Rosen、Levy 和 Hall(2006)的研究表明,一个高水平的反馈性组织环境(支持上司和同事对员工进行非正式反馈的环境)会使员工感觉到组织中的政治性气氛在降低,进而提高员工的工作满意度和组织承诺水平,最终促使员工的角色外行为和角色内行为都显著提高。

因此,可以解读为:情感性组织承诺是感知雇主心理契约满足/违背和反馈性组织环境对员工角色外行为产生影响的关键中介变量。我国学者张伶、张正堂(2008)针对知识员工的研究也有类似发现,即任务和组织方面的因素通过员工工作满意度和情感性组织承诺对员工的角色内和角色外行为产生显著正向影响,而情感性承诺又进一步中介了满意度对员工行为的影响。

综上所述,本研究认为,在任务特征、组织特征和领导行为对员工角色外行为的影响过程中,虽然有许多变量如工作满意度、感知公平、感知组织支持、心理契约违背/满足和反馈性组织环境等可以看作中介变量,但是,情感性组织承诺是距离角色外行为最近的、最强大的起中介作用的预测变量。

2.4 小 结

从本章文献回顾和分析可知,已有文献主要是把任务特性、组织特征和领导行为视为员工角色外行为的前导变量,而情感性组织承诺是关键的、距离最近的中介变量。

另外,现存文献主要把任务特性、组织支持、个性特征作为员工努力意向的前因,而情感性组织承诺也是最强的中介变量;只有少量研究开始关注组织之外的因素,即把顾客的行为看成员工满意的前导因素,不过这些为数不多的研究大都是组织水平的研究,其中介途径并不清楚,个别研究虽然是基于个人水平,但却是关于顾客的消极行为(顾客不公平交互行为等)影响员工的消极行为(如员工情绪劳动提高、反生产行为增加)的研究。

虽然顾客是一线服务员工日常交往的重要对象,但总体而言,既存文献中尚未有把顾客积极反馈行为看成服务员工的积极行为(如角色外行为)的影响因素的研究出现;另外,顾客的行为可能会引发服务员工哪些积极情感、这些积极情感又有什么后果也未受到应有的重视。

考虑到服务员工角色外行为对服务组织发展和成功的重要作用,以及顺应心理学领域愈加重视积极心理研究的发展趋势,本研究关注的是:顾客发出的两类积极反馈行为(即顾客针对服务员工的关系建设行为和顾客对员工服务质量的积极评价行为)怎样影响服务员工的三种行为(即员工在本职工作上的努力意向、员工针对组织的角色外行为、员工针对顾客的角色外行为),并试图研究服务员工的两种积极情感(即员工在服务工作中的成就感和被尊重感)潜在的中介作用。

第 3 章　研究假说和理论模型的建立

通过分析相关理论和既有研究成果,本研究构建了两个理论模型:针对组织内部的角色外行为及努力意向整合模型(理论模型 A),试图阐述顾客积极反馈行为对一线服务员工针对组织内部的角色外行为及努力意向发生影响的机制,以及顾客积极反馈行为与员工情感性组织承诺的相对影响力;针对顾客的角色外行为整合模型(理论模型 B),试图阐述顾客积极反馈行为对一线服务员工针对顾客的角色外行为发生影响的机制,以及顾客积极反馈行为与员工情感性组织承诺、社会规范的相对影响力。

3.1　针对组织内部的角色外行为及努力意向整合模型

顾客的两种积极反馈行为(即顾客针对服务员工的关系建设行为和顾客对员工服务质量的积极评价行为)是否会对一线服务员工的针对组织内部的角色外行为和努力意向产生影响?产生什么样的影响?以及产生影响的过程是怎样的?另外,上述顾客积极反馈行为的影响力和主要组织因素的影响力的相对大小如何?以下部分通过回顾和借鉴既有的理论和研究,试图对以上问题做出回答,并发展出一个理论模型。

3.1.1　相关概念的含义

3.1.1.1　努力意向的概念

努力在销售员工管理和组织行为领域是一个核心概念(Walker,Churchill 和 Ford,1977;Mohr 和 Bitner,1995)。努力指的是"完成工作所使用的力量、精力或动作"(Brown 和 Peterson,1994)。Clercq 和 Rius(2007)把努力定义为一个员工在获得组织所期望的结果的过程中所投入的时间和精力。努力往往被认为是员工角色内绩效的重要决定因素(Christen、Iyer 和 Soberman,2006)。

由于行为意向往往是实际行为最直接的先行变量,而且其他对实际行为产生影响的因素大都要经过行为意向的中介作用(Fishbein,1967;Locke 和 Latham,1990)，本研究转而关注努力意向，即员工自愿在以后完成工作任务的过程中把自己的时间和精力投入其中的程度。

3.1.1.2 顾客对一线员工服务质量的积极评价行为的概念

为了改进对员工的绩效评价，不少组织开始实行360度绩效评价制度（评价者包括领导、同事、顾客等），强调对组织内部和外部信息的综合。对于一线服务员工而言，与顾客的交互是其日常工作的重要组成部分。"顾客感知服务质量""顾客满意""顾客导向"等服务营销概念或理念的出现，都表明顾客需要和期望的满足是组织服务质量的核心指标。Kelley(1992)认为，由于服务的无形性(intangibility)、异质性(heterogeneity)和不可分离性(inseparability)，顾客导向在服务企业中所起的作用比在其他类型企业中更重要。Lengnick-Hall(1996)认为顾客既是服务设计过程中重要的信息提供者，也是服务质量的最终评判者。因此，作为一种外部信息源，顾客对一线服务员工服务质量的评价显得必要和重要。

一线服务员工的工作职责一般包括两部分：为顾客提供服务和与顾客不直接相关的工作(如行政方面的工作)。本研究仅关注前者。另外，根据服务质量交互性的研究，在为顾客提供服务的过程中，除了一线服务员工与顾客之间的交互，还存在员工与资源(设备及支持系统)的交互。本研究只关注员工与顾客之间的交互。也就是说，本研究的关注重点是：顾客对一线服务员工所提供服务的质量（而不是顾客对组织的设备、系统等的服务质量，也不是顾客对服务员工的行政之类的工作)所进行评价的行为。

关于顾客购后沟通的研究表明，除了顾客的口碑传播行为和抱怨外，顾客还向服务员工提供积极的反馈，如赞扬。实际上，一些服务型组织(如银行、学校)已经把顾客对一线员工服务质量的评价作为首要的绩效考核指标。例如：某地某大型商业银行在每个柜台服务窗口安装一个电子装置，在服务结束时，会有语音提示请顾客对服务质量打分，顾客按相应的键即可对员工的服务做出即时评价。特别是在专业服务业中，我们常常会见到顾客通过口头言语、写信以及赠送鲜花等对员工(如医生、教师)的服务表示赞扬、肯定。

本研究把顾客对一线服务员工服务质量的积极评价行为定义为"顾客通过直接或间接的途径，对一线服务员工的服务质量表示肯定的行为"。

3.1.1.3 顾客对一线员工的关系建设行为的概念

Bendapudi 和 Berry(1997)以及 Gwinner、Gremler 和 Bitner(1998)的

研究表明，在服务业中，顾客会主动与服务员工保持关系，而社会性因素（如友情、显示身份）往往是顾客同服务员工保持关系的一个重要原因。另外，顾客参与的文献认为，在大多数情况下，顾客都要参与到服务的设计或传递中来。顾客的参与策略主要有信息交流、关系建设等。如果说顾客提供相关信息给一线员工是服务得以顺利完成所必需的环节，顾客的这种行为具有工具理性，那么，顾客进行关系建设则更具有情感性。如，Markley 等（2006）发现，顾客参与到服务中来的一个目的是"使服务员快乐"。Markley 等（2006）认为关系建设是指在顾客和员工之间创建一种共同背景，即在服务接触过程中，顾客通过诸如微笑或嬉戏、对他人表示感兴趣、分享人生故事或查询有助于把自己和他人联系起来的相同的经历、兴趣。Kellogg 等（1997）认为顾客的关系建设行为是指顾客为了得到特殊待遇而主动地进行社交活动和显示忠诚，通过微笑、善解人意的语言、了解服务提供者、试图建立忠诚和询问服务员姓名等活动与服务提供者建立关系。

实际上，在服务结束后，顾客仍会存在关系建设行为，例如：曾经的学生、患者会对教师或医生进行联络、邀请用餐等。Bendapudi 等（1997）从顾客视角对服务中的关系维持进行了研究，其中，顾客对服务提供者的社交行为（customer's social bonding with the service provider）被分为顾客与服务员工的直接交互和间接交互行为两种形式；直接交互又包括顾客的角色内社交行为（如保险消费者提供名片给保险代理人）和角色外社交行为（如顾客在某个俱乐部与保险代理人会面、共同参加志愿者活动）两种。顾客对服务员工的间接交互行为指顾客与服务员工的社会关系（如朋友、教会）进行交互。所以，本研究认为顾客的关系建设行为涵盖了服务过程之中和之外两个阶段。

本研究把顾客针对一线服务员工的关系建设行为定义为"顾客在服务过程之中或之外，主动与一线服务员工建立良好关系的行为"。

3.1.2 顾客积极反馈行为对员工行为及意向的直接影响

Foxall（1990）、Cadogan 和 Simintiras（1994）关于销售管理的文献回顾发现，解释销售人员行为的哲学方法主要有两个：中介主义（mediationism）和行为主义（behaviourism）。这两种方法的根源甚至都可以追溯到古希腊哲学中，并且在诸如临床心理学、思维障碍研究等领域都确立了重要地位。但是，在销售文献中，中介主义（这些模型认为认知过程决定消费者的选择行为）长期以来占据着主导地位，尽管许多研究如 Foxall（1986）、Robinson 和 Berridge（1993）对之提出了挑战。本研究认为，这两种哲学方法（主义）

都从某一个侧面对销售人员行为进行了解释,二者可以结合起来考虑。行为主义认为行为的发生是对环境刺激的反应,行为的持续发生有赖于强化力量,而中介主义认为人的心理过程在上述关系中起不可缺少的中介作用。

3.1.2.1 顾客积极反馈行为和服务员工针对组织内部的角色外行为关联分析

基本行为主义(radical behaviorism)理论认为人的行为是对环境刺激的反应,并会产生后果;人的行为并不是人的内心活动(如思考和期望)的产物,而行为的后果(包括经济奖励、他人认可等)将会影响类似行为发生的可能性(Skinner,1978)。该理论并不排斥人们的内心活动,而是把内心活动和行为一样也看作是人们对环境刺激的反应,而不看作行为的原因(Foxall,1986;Foxall,1990;Foxall 和 Gordon,2000)。

Emerson(1976)曾表示,他支持用"社会性操作行为"(social operant behavior)的概念来定义交换,该学者指出,在某段时期内,社会交换中一方的行为受到来自别人的强化或报答行为的激励。

结合本研究所关注的现象,可以认为,一个服务员工在较长时间段内针对组织内部的角色外行为,是受到顾客的积极反馈行为的强化而持续发生的,因为顾客之所以表现出积极反馈行为,往往是由于:第一,某一时期内,一个服务员工针对同事的针对组织内部的角色外行为,会致使该员工的同事也向其伸出援助之手(帮其化解繁重的任务或帮其提高工作效率),从而也有助于该服务员工服务质量的提高,这样,最终导致顾客满意于该服务员工的服务质量,而由衷地肯定、认可服务质量(即产生积极评价行为);第二,有些服务项目需要一个服务员工和其同事合作完成,虽然相互之间有分工,但双方的贡献都有助于服务的顺利完成,所以员工对其同事的额外帮助其实造成了合作性服务质量的提高,这样最终也会导致顾客满意于该服务员工的服务质量,而表现出积极评价。

另外,Nordstorm、Hall、Lorenzi 和 Delquadri(1988)强化理论的基本观点是:行为是结果的函数;其中,结果有许多类型,包括:社会性结果,如其他个体所表达出来的抱怨、批评、评论、赞扬和对良好工作的承认;及信息性结果,如关于个人的绩效信息(Fox 和 Sulzer-Azaroff,1987)等。也就是说,在某一时期,服务员工之所以表现出针对组织内部的角色外行为,可能是这种行为能够提升服务质量,从而引起顾客对员工服务质量的积极评价行为(如赞扬、肯定服务质量)。

Luthans 和 Kreitner(1984)讨论了影响人类行为的内在和外在因素,认为内部动机性因素会引起人们产生最初的行为,而外部的或强化力量则是影响人们未来行为的主要因素。Foxall(1998)进一步认为,人们的某种行为是否能够持续出现,要取决于这种行为受到的强化的类型:即效用性强化(指行为带来的功能性利益),或信息性强化(指行为带来的象征性利益如社会地位和自尊等),或负强化(指代价)(Foxall,1998)。可以合理地假想,一线服务员工针对组织内部的角色外行为之所以会不断发生,是受到了信息性强化力量的影响,因为员工的针对组织内部的角色外行为会促使顾客满意于服务质量,进而引起顾客对员工的关系建设行为(作为顾客向员工表达尊敬的方式)。

综上,本研究提出假设:

Ha1:对一线服务员工而言,顾客对其服务质量的积极评价行为会显著正向影响其针对组织内部的角色外行为。

Ha2:对一线服务员工而言,顾客对其关系建设行为会显著正向影响其针对组织内部的角色外行为。

3.1.2.2 顾客积极反馈行为和服务员工努力意向关联分析

理查德 M.雷恩和爱德华 L.德斯(2006)的自我决定理论(SDT)认为,人性的全面展示表明人们是好奇的、充满活力的和自我激励的;有三种主要的需要即能力需要、自主需要和关系需要对个人成长、幸福和社会发展具有重要意义;社会环境可以通过支持和反对人们的这些先天心理需要,促进和阻碍内在动机;在以安全和关系为特征的环境里,人们可能呈现更多的内在动机。如 Anderson、Manoogian 和 Reznick(1976)发现,对于儿童而言,当一个在场的成年陌生人没有对其表示关注、没有关心其创造性时,儿童对一项原本很感兴趣的任务的内在动机水平就会很低。Ryan 和 Grolnick(1986)也发现,当学生感到老师对其冷淡和漠不关心时,这些学生的内在动机程度也较低。虽然不少内在动机行为是在孤立环境中愉快地发生着,但以上研究表明,一个安全的关系基础对内在动机的表达具有重要作用(虽然不一定是必需的)。作为 SDT 之下的一个小理论,认知评价理论(CET)强调能力和自主需要,认为行为期间引发能力知觉的社会情境能够提升该行为的内在动机,这些社会情境包括反馈、沟通和奖励等。如,根据 Vallerand 和 Reid(1984)的研究,正面的绩效反馈会增强内在动机水平,而负面的绩效反馈会削弱内在动机。

结合本研究关注的顾客积极反馈行为,可以说,顾客对员工服务质量的积极评价行为可以看成一种来自顾客的正面绩效反馈,顾客对服务员工的关系建设行为则含有表示关注、关心的内容;而内在动机被认为是"人们不是因为表面的报酬而是因为活动本身而做某项活动"(Deci,1972),也即,人们为某项活动本身所吸引而沉浸于活动之中,这与努力意向在概念内涵上有相似之处,也就是,二者都强调人们自愿地付出自身精力。

综上,本研究提出假设:

Ha3:对一线服务员工而言,顾客对其服务质量的积极评价行为会显著正向影响其努力意向。

Ha4:对一线服务员工而言,顾客对其关系建设行为会显著正向影响其努力意向。

3.1.3 顾客积极反馈行为对员工行为及意向的间接影响

3.1.3.1 中介主义理论

1. 环境心理学的观点

利用刺激(stimuli)—有机体(organism)—反应(response)范式(图3-1),Mehrabian 和 Russell(1974)以及 Russell 和 Pratt(1980)提出了环境心理的观点,他们认为,环境中的刺激可以引发人的一些特定情感,而这些情感又会进一步影响人的行为意向和行为;研究者们将基本情感状态分为三个维度,即高兴—不高兴(指所处环境中人是否感觉很好、喜悦、快乐或满意)、唤醒—未被唤醒(指人是否感觉兴奋、激动、警醒或主动)和主宰—屈从(指在所处环境中人是否感觉自己能够控制所处环境或在环境中能够自由行动),也提出了两种基本的反应行为模式,即趋向反应(与希望接近、探索、返回环境、继续呆在环境中、积极与其他事物交互以及在环境中运行良好相关的行为)和规避反应(与想要离开、不想返回环境,对他人不友善,感到不满、焦虑或乏味,以及运行受损相关的行为)。总体的结论是:当环境能引起人们更大程度的高兴、唤醒水平和较小的被主导程度时,人们更愿意趋向环境。

环境刺激 → 基本情感状态(高兴、唤醒、主宰) → 反应(趋向或规避)

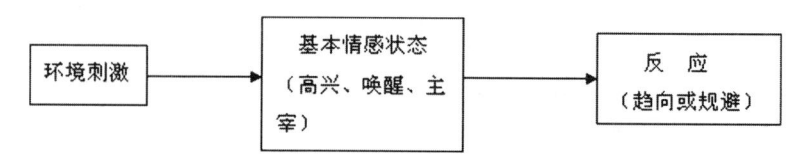

图 3-1 Mehrabian 和 Russell(1974)的环境心理模型

Mehrabian 和 Russell(1974)的环境心理学观点表明,环境力量对行为(如接近、规避)的影响要受到三种情感性反应(即高兴、唤醒和主宰)的中介作用。环境心理模型在消费者行为领域的研究表明,上述三种情感中介入了以下几种显性的消费者行为,即与环境中的其他人亲近、呆在或规避环境,以及花费金钱和消费(Donovan、Rossiter、Marcoolyn 和 Nesdale,1994;Mehrabian 和 deWetter,1987)。

不难看出,本研究中,服务工作上的成就感这一概念在内涵上与环境心理学模型中的基本情感状态(高兴、唤醒、主宰)有较大相近之处,即都是人们感觉喜悦、兴奋和有控制力;同样,本研究中服务员工的努力意向和角色外行为也与环境心理学中的趋向反应相符,即表明员工希望继续呆在组织中、与同事和顾客积极交流合作、顺利完成工作任务等。

2. 情感性事件理论

Weiss 和 Cropanzano(1996)的情感事件理论(affective events theory)认为,工作场所中存在的"情感性事件"会给员工带来麻烦或使员工振奋,而正是这一连串积极或消极的情感事件的累积导致员工处于积极或消极的情感状态之中,转而,情感状态又导致员工的态度或行为反应。该理论的核心观点是,情感状态在情感事件影响后续行为或态度的过程中起中介作用。

后来,Basch 和 Fisher(2000)在对 101 个酒店员工访谈的基础上,构建了一个事件——情绪矩阵,其中,得到上级或同事认可、参与决策或实现目标之类的事件能够引发诸如高兴、快乐和自豪等积极情绪的产生,而巨大的工作压力、任务中的困难、犯错误或不好的公司政策会引发诸如沮丧、焦虑和尴尬等消极情绪。

而 Fisher(2002)的研究表明,组织中的利他行为(作为角色外行为之一种)与员工的积极情感状态的相关程度,要大于其与工作满意度(作为一种评价性判断)的相关程度。

Lin、Huang 和 Chiang(2008)针对服装店服务员工和顾客的研究表明,服务员工的情感性表达(emotional expressiveness)与顾客的情感显著正相关,其中,服务员工的外表(如着装、干净程度)、态度(如友善、耐心和干劲)及行为(如微笑、目光接触、乐于助人、解决问题和提供建议)与顾客积极情感的相关系数分别为 0.15、0.31 和 0.42。

类似地,Lawler(2001)提出了社会交换的情感理论,该理论的前提假设之一就是:重复的交换是积极情感得以产生的一个重要途径,而积极情感又会导致积极的社会交换行为。

由此,本研究认为,顾客对员工服务质量的积极评价行为可以看作是对员工的一种认可,也可看作是"使顾客满意"的目标在一定程度上的实现,而顾客对服务员工的关系建设行为包含有较多的情感表达成分,顾客的这两类行为越多,越可能引起员工的积极情感(成就感或被尊重感),并最终导致服务员工较高水平的积极反应和积极社会交换行为(员工努力意向越强、角色外行为越多)。

3. 自我调控模型与态度理论

Bagozzi(1992)提出了一个态度—行为意向—行为的自我调控模型(图3-2),认为人的行为是一种应对活动,这种应对活动是一个人对其所处境况的评价以及评价后而产生的情绪反应的结果。具体来讲,评估过程涉及对"实际结果—期望"差异的评判,当一个人(未)能够达到目的或经历了(不)愉快的事件时就会产生"结果—期望"之间的弥合(冲突);随之而来的是积极(消极)的情绪反应。消极的情绪反应会产生降低冲突的应对意向,积极的情绪反应则会产生维持、提高或分享结果的应对意向。最后,行为随着行为意向而来。由于行为意向对实际行为较为一致的预测效力在以往的研究文献中被多次证实(Ajzen,1991;Fishbein,1967),所以本文以下的部分不再刻意关注行为意向和实际行为之间的差异,而把二者都视为人对所处环境作出反应的结果。

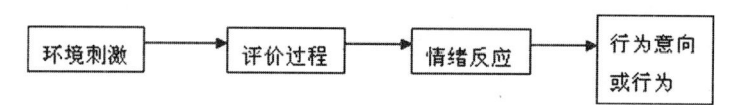

环境刺激 → 评价过程 → 情绪反应 → 行为意向或行为

图 3-2 环境刺激与行为反应的自我调控模型(根据 Bagozzi,1992)

上述自我调控模型也可以从社会心理学对态度的研究中得到部分解释。在社会心理学中,目前不少学者持态度三元论观点,即认为态度是由认知、情感和行为意向三个部分组成(Brecler,1984;Crites、Fabrigar 和 Petty,1994)。例如,Myers(1997)认为态度是一个人以几种特定的反应方式对某种刺激做出反应的预先倾向,而这几种特定的反应方式包括认知的反应方式、情感的反应方式和行为倾向的反应方式。这三种反应方式既相互联系,又具有独立性。而且,认知、情感和行为意向这三种态度成分与实际行为的关系也不尽相同,总体上讲,行为意向与行为的关系最强,是行为最近的预测变量。因此,也有学者如 Karz 主张态度二元论,即认为态度包含情感和认知成分,而将行为意向剔除(全国 13 所高等院校《社会心理学》编写组,2003)。

近来有针对消费者对广告态度的研究表明,认知反应不但通过情感反应对行为意向的反应产生间接影响,而且认知反应还可能对行为意向的反应产生直接影响。只不过,相对于情感反应与行为意向反应之间较强的直接因果关系,认知反应与行为意向反应之间的直接因果关系较弱而已(Morris 等,2002)。因此,本研究认为,可以把自我调控模型中的评价过程(即认知反应)和情感反应整合起来,同时来考虑这种心理状态(含有认知和情感成分)对后续行为意向或行为的影响。

综合上述理论和模型,本研究引申出一个顾客积极反馈行为影响服务员工努力意向和组织内角色外行为的概念模型,具体如图3-3所示。

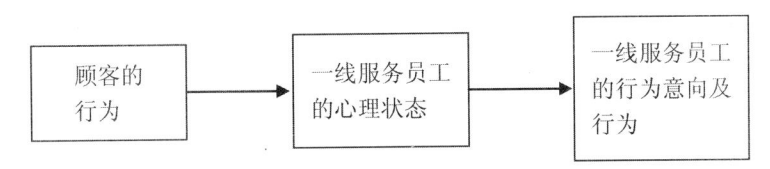

图 3-3 引申的概念模型(据本研究作者整理)

4. 情绪/情感相关研究

近十多年来,情感(affect)这一概念越来越受到组织行为研究者的关注(Brief 和 Weiss,2002;Fisher,2002)。

Bagozzi、Gopinath 和 Never(1999)认为,情感(affect)这一术语是指一系列更加具体的内心过程(包括情绪、心情)的总称,而不是指一个特定心理过程本身。情绪(emotion)来源于对事情或者自身思想的认知性评价,是一种准备就绪了的内心状态(a mental state of readiness),具有现象学的特征,与之相伴的是一些心理过程,通常以有形的方式表达出来(如用手势、姿态、面部表情等方式),而且根据情绪的性质及其对情绪持有者的意义,可能会引起一些具体的动作来肯定或应对这种情绪。

Oatley 和 Johnson-Laird(1987)认为,心情(mood)是一种粗糙的感情(raw feeling),是内心里对现象的无目标的体验;心情也是构成针对某种目标的情绪的核心成分之一,不过情绪还包括其他成分,特别是包括认知性成分,即对诱发出情绪的情境的认知性评价。换言之,情绪是这样一种感情,即它是认知的原因,并被嵌入认知之中,而认知为情绪指出了方向和聚焦点。尽管心情和情绪还有其他方面的一些区别,但学术界普遍承认的一个主要区别是:相对于情绪,心情是弥散的和笼统的(diffuse and global)(Frijda,1993)。

Luomala 和 Laaksonen(2000)认为,心情是指人的情感状态,相对于情绪来讲,心情的强度较低、持续时间更长些,并且整体上没有目的性,因为心情缺少指向的目标认为,不过,他们认为心情包含一定的情绪成分。

这样看来,本研究所提出的起潜在中介作用的心理状态(即成就感和被尊重感)在性质上更倾向于心情。

根据情感控制理论,Heise(1979)认为,人们在与他人交往时,会通过一定的方式(语言、动作等)来进行,这些社交方式表明了这个人所怀有的基本感情(fundamental sentiments)。

联系到顾客对服务员工的关系建设行为,由于这种行为的目的之一是"使服务员工快乐"(Markley 和 Davis,2006),而顾客对服务质量的积极评价行为本身则是对服务员工表示正面肯定,所以本研究认为,这两种行为都表露出了(在与服务员工交互过程中)顾客自身所持有的积极情感。

大体上,以往的研究表明情感的特性主要有两种:即传染性和功能性。

首先,情感具有传染性。情绪传染(emotional contagion)理论指出,一个人会自动地对另一个人的面部表情、声调、姿势和动作进行模仿并与之保持同步,最终与他人的情感状态相一致(Zajonc,1980)。

Hatfield 等(1993),以及 Neumann 和 Strack(2000)关于情绪传染理论的研究也表明,观察者会自动地、无意识地感染上被观察者面部表情或行为中的情感。

Pugh(2001)认为,在服务接触中,顾客会模仿服务员工所展现出来的行为;其对美国中南部一家区域性银行的 39 家分支机构的实证研究表明,银行服务员工所展露出的积极情感(虽然不是员工的真实情感)能够显著提升顾客的积极情感。

特别地,由于关系营销的理念较普遍地在现代服务组织中推行,一线服务员工一般都要被要求具有"顾客导向"的意识,要善于在员工和顾客之间创造、维持良好的关系,因此可以说,一线员工本身怀有与顾客建立、维持良好关系的愿望和目的。而根据 Lakin(2003)的研究,在社会交往中,若交往的一方本身怀有与另一方建立亲和关系目的,则他会增强对另一方的行为进行无意识的模仿。因此本研究认为,一线服务员工更容易感染顾客的关系建设行为所表现出来的积极情绪。

Song、Fop 和 Uy(2008)针对双职工夫妇的研究也显示,人的情感具有两种效应:溢出(spillover)效应,即从一种情景传递到另一种情景(如从工作中传递到家庭生活中);交叉(crossover)效应,即从一个人传递到另一个人。

通过上面论述,可以推测,顾客积极反馈行为会使服务员工感染上积极情感。

不过,以往支持情绪传染效应的研究大多是在实验室条件下获得的(Hess 和 Blairy,2001)。近来的在实际商业环境中的研究却显示:被传染者所获得的积极情感在传染源表现出的积极行为对被传染者的认知态度的影响过程中不存在所期望的中介效应。例如,Barger 和 Grandey(2006)针对七家提供柜台食品服务商店的研究表明,服务员工和顾客分别作为情绪的传染源和被传染者,服务过程中服务员工的微笑强度(让实验员观察服务员工嘴角上翘、显露牙齿的程度)和其他积极行为(目光接触、问候语、告别辞)与服务结束时顾客的积极情感(满足的、喜悦的、兴奋的)没有显著相关关系,但与顾客对服务质量的评价和顾客满意度显著正相关(相关系数达到0.20～0.27)。

本研究认为,Barger 和 Grandey(2006)的研究中,服务员工的积极情绪展示行为之所以未能引起顾客的积极情感,可能是因为有违"兼容性原理"。根据"兼容性原理",只有当某一种态度的目标和行为的目标相类似时,态度才会预测行为,例如,人们对吸烟的态度比人们对健康的笼统态度更能预测人的吸烟行为(Ajzen,1989),据此可以推论,当刺激(如行为)越是与某种情感的对象相一致,二者之间相关性也越强。Barger 和 Grandey(2006)的研究中,由于顾客满意本身也是一种积极情感,而且还是一种与所接受的服务直接相关联的情感,而非泛泛的离散情感(满足的、喜悦的、兴奋的),所以,服务员工的积极行为与顾客满意更为相关也就不足为奇了。而本研究关注的服务工作上的成就感、被顾客尊重感虽然没有明确的对象,却也不是泛泛的笼统的情感,就该两种积极情感的附着物(顾客或顾客服务)而言,与可能的刺激(顾客积极反馈行为)相类似。

另外,情绪还具有功能性。Fredrickson(1998)关于积极情绪的扩展—建设理论(the broaden-and-build theory of positive emotions)的研究认为,积极情绪的功能在于扩展人们的认知范围、注意范围和动机范围,使之扩大到超出人们当下的基本需求。具体说来,积极情绪使人们的时间界限扩大,在使人们愿意为现在的利益而投入资源之外,还使人们为了将来的利益而投资;积极情绪改变人们的观念,使得人们会受到急迫的养家糊口、繁衍等之外的目标(如培育新的关系或学习新的技能)的吸引。虽然积极情绪的扩展—建设理论研究者也赞同进化论中人们会为自己投资的观点,但他们进一步认为积极情绪会扩展人们对自我的认知,而使人们把与自己关系亲近的他人或潜在的亲近他人纳入"自我"的范畴。该学者还认为,利他行为与自利性的长期投资行为的类似之处在于二者都与短期需求或观念相反,都需要人们运用相似的心理机理来克服短期需求或观念的局限。概括起来讲,积极情绪使人们:①愿意为将来利益投资;②愿意为亲近或潜在的亲近他人投资。

因此,可以推论,顾客的积极反馈行为包含着顾客的一些积极情感,而所带有的积极情感会传递给与之接触的一线服务员工,不论是在服务场所的接触,还是服务结束后在其他区场合的接触(如顾客针对服务员工的一些关系建设行为);进而,一线服务员工可能愿意为现在的急迫利益投资(如为养家而努力完成工作任务),愿意为将来利益投资(如为了在将来自己需要他人帮助时能够获得帮助,现在就对同事提供工作职责以外的帮助),为亲近或潜在的亲近他人投资(如向与自己关系比较亲近的同事提供工作职责以外的帮助)。

其他研究也部分地支持上述推论。Barrick和Mount(1993),Deluga和Mason(2000),以及George和Brief(1992)的研究表明,经历的积极情感越多的员工其工作绩效越好,且公民行为越多。

Luthans、Avey和Patera(2008)的研究显示,作为积极心理学应用于工作场所中的一个核心概念,员工心理资本(包括希望、乐观、效能感和坚韧精神)的一个主要特点是它是一个"状态性"(state-like)构念,它可以经过培训手段而形成。另外,Avey、Luthans和Youssef(2010)的研究显示,员工心理资本与其角色外行为正相关,而与其离职意向、对组织愤懑(organizational cynicism)和反生产行为负相关。

3.1.3.2 员工成就感的概念

成就感被人们想当然地拿来运用,但是,关于成就感这个概念的定义、测量等尚未有系统的、一致的研究出现。如,和对工资满意、对工作中的影响力满意、对来自上级的尊重满意一起,对工作中的成就感满意被看作工作满意度(job satisfaction)的一个侧面(Gazioglu和Tansel,2006);和金钱、挑战性、独立性、安全等一起,成就感被看作一种职业动机(career motivation)(Rosen、Templeton和Kichline,1981);和胜任感、感觉到工作有意义等一起,成就感被看作一种可以促使员工积极的工作情绪(positive mood at work)得以产生的手段(George,1998)。

先来看一下关于成就的定义。Haldane(1967)认为,"成就,就是你觉得你做的很好的事物,你享受做这件事的过程并且为之自豪"。该学者进一步认为,这个定义涉及了一个人的自我形象(self-image)和感情(feelings),允许每个人都有他或她自己的具体成就;这种经历会发生在一个人一生的各个阶段。

《牛津高阶英汉双解词典》(2001)把成就定义为"成功地完成的事物,特别是花费了精力和技能而成功地完成的事物"。《现代汉语词典》(1996)对成就感的定义为:指人取得了成绩或成功以后引以为自豪的感觉。《心理学大词典》(1989)认为成就感是个体在完成了某项学习或活动任务后产生的一种自我满足的积极的情绪体验;它促使个体的身心与客观环境保持平衡状态和增进健康,使个体认识到自己的力量和能力,增强自信,提高动机水平,同时为以后学习新知识、解决新问题提供条件。

关于成就感的定义还体现在对成就需要研究的字里行间。

哈佛大学心理学家McClelland(1987)的习得性需要(learned needs)理论提出了对人起激励作用的四种重要的需要:成就需要、亲和需要、权力需要和独特性需要。McClelland和Burnham(1995)认为成就需要是指"渴望把事情做得比以前更完美或者更有效率"。高成就需要的人具有非常强烈的把事情做好的驱动力,并期望用卓越的标准来评估他。他们希望克服困难,希望感觉到成功(或失败)是由于自己的行为造成的。高成就需要的人希望冒中等程度的风险。当成功与失败的可能性接近相等时,让他们体验到因其努力而来的成就感和满意感(feelings of accomplishment and satisfaction from efforts)的最佳时机也就出现了(McClelland,1961)。由此可知,McClelland把成就感看成是一个人的成就需要得到满足时的积极情感体验。

美国诊断心理学家Maslow(1954)的需要层次理论认为人们是为了使自己的需要得到满足而采取行动的;并把人的需要分为生理、安全、社交、尊重和自我实现五个层次。当较低层次的需要基本获得满足后该需要便不再具有激励作用,相邻的较高层次的需要则成为主导需要。马斯洛认为,当人的社交需要被基本满足后,一个人的尊重需要(包括自我尊重的需要和社会性尊重的需要)就会被激活。自尊可以通过个人成就而得到,社会性尊重可以通过他人认可和尊敬而得到。渴望取得成功、拥有声誉、被他人认可等即属于尊重需要。自我实现的需要是指一个人期望成为他所能够成为的人、发挥他的最大潜能的需要。另外,马斯洛认为在一个物质比较丰富的年代,对于全职工作的员工而言,他们的低水平需要(生理、安全需要)已经基本获得满足,只有人的高水平需要(社交、尊重、自我实现的需要)才会经常处于未被满足的状态,从而具有激励作用。可见,人的成就需要与需要层次理论中的尊重需要、自我实现需要有比较紧密的关系,成就需要是一种较高层次的、具有激励作用的需要。

在消费者行为学领域,Garretson和Burton(2003)在研究零售商场的购物者时发现,那些喜欢商场促销的消费者,除了因为价格优惠外,还因为他们可以获得"成就感",即"聪明购物者的自我感知"(smart-shopper self-perception);该研究还对这种购物"成就感"进行了测量,其中的题项有"当我聪明地购物时,我觉得好像一个胜利者"、"当我采取了明智的购买行为时,我真的感到很高兴"等。

综上所述,本研究对成就感定义如下:成就感是当人们花费相当多的精力和技能并且在某一项活动或任务中取得成绩或成功时,人们所体验到的一种积极的情感状态,这种短期的、具体的成绩或成功会使人们的较高层次的需要——成就需要——得到暂时的满足。

在这个定义中,有两点值得强调:

第一,人们投入相当多的精力和技能并且在某一项具体活动或任务中取得成绩或成功,并不是最终地满足人们的成就需要,而是暂时地满足人们的成就需要。这可以部分地用人的感知适应性(sensory adaptation)来解释。Lee(2006)在论述感知适应性时指出,那些人们一开始能够强烈地感觉到的事物不久就融入到背景中去,从而在很大程度上不能再被人们所感知到;例如,收入的增加(或减少)只能使人们暂时地感觉到快乐的提高(或降低)。这样看来,人们因为一时的具体的成绩或成功而产生的强烈的成就感,只能在短期内使其成就需要得到暂时的满足,这种成就感不久之后就会消逝;人们成就需要的完全满足是不可能的,即使仅是较大程度的满足也需要经过多次具体成绩或成功的持续积累才有可能。

第二,成就感具有激励作用。McShane 和 Mary(2007)指出,马斯洛在其需要层次理论中曾提出满足—上升过程的一个例外,即,与其他层次的需要不同,当一个人体验到自我实现时,他对自我实现需要的渴望更多而不是更少。虽然马斯洛的理论并没有明确提出成就需要的概念,但经过前面的分析可知,成就需要是与尊重需要和自我实现需要紧密相关的。所以我们有理由推测,成就需要也具有马斯洛所谓的"例外"特性,也就是说,当一个人因为一时的具体的成绩或成功而体验到成就感时,他对成就需要的渴望更多而不是更少。由于人对某种需要的渴望越多表明目前人的这种需要越没有被满足,根据马斯洛的"某种需要越没有被满足,则这种需要的激励作用越大"的原则,所以本研究认为,人的成就感具有激励作用。

3.1.3.3 成就感与员工努力意向关联分析

本研究认为成就感具有激励作用,而且其激励作用是非递减的。理由如下:第一,Herzberg(1959)通过对匹兹堡地区 11 家工商组织的 203 名工程师、会计师的调研,提出了激励—保健因素理论(motivation-hygiene theory),把工作中的责任、认可、工作自身、升职机会、工作成就、个人成长等归为激励因素,其中,根据受访者列举出来的令其感觉很好或很坏的工作情况的频次百分比来计算,工作成就(在取得成就时也同时体验到成就感)是首要的激励因素,接下来依次是认可、责任、工作自身等;另外,员工在工作中的和同事、和上级、和下级之间的关系被归为保健因素和激励因素的可能性几乎相等;第二,Kano(1984)在研究产品质量时曾提出一个分析模型(图

3-4),把质量特性分为三类,每一类都对消费者满意产生不同的影响:基础特性(basic factors)是对产品的最低限度的要求;兴奋特性(excitement factors)是指那些一旦出现在某产品身上就能够提高顾客满意度,但如果没有出现也不会引起顾客不满意的特性,这类特性的积极表现对顾客满意度的影响要大于其消极表现对顾客满意度的影响,也就是能使顾客感到"惊喜"的特性;性能特性(performance factors)是指其特性表现与顾客满意度之间的关系呈线性和对称性的特性。Matzler、Fuchs 和 Schubert(2004)将 Kano 的模型运用到员工满意度的分析之中,并总体上肯定了 Kano 模型在分析员工满意度时的有用性,例如,MatzlerFuchs 和 Schubert(2004)发现工作中的责任属于兴奋特性。遗憾的是,Matzler 等的研究忽略了员工的工作成就感这个因素。尽管如此,通过以上分析我们还是可以认为:员工在工作中与他人的关系对应于 Kano 模型的性能特性(Herzberg 将其归为保健因素),员工的工作成就感、责任感属于兴奋特性。

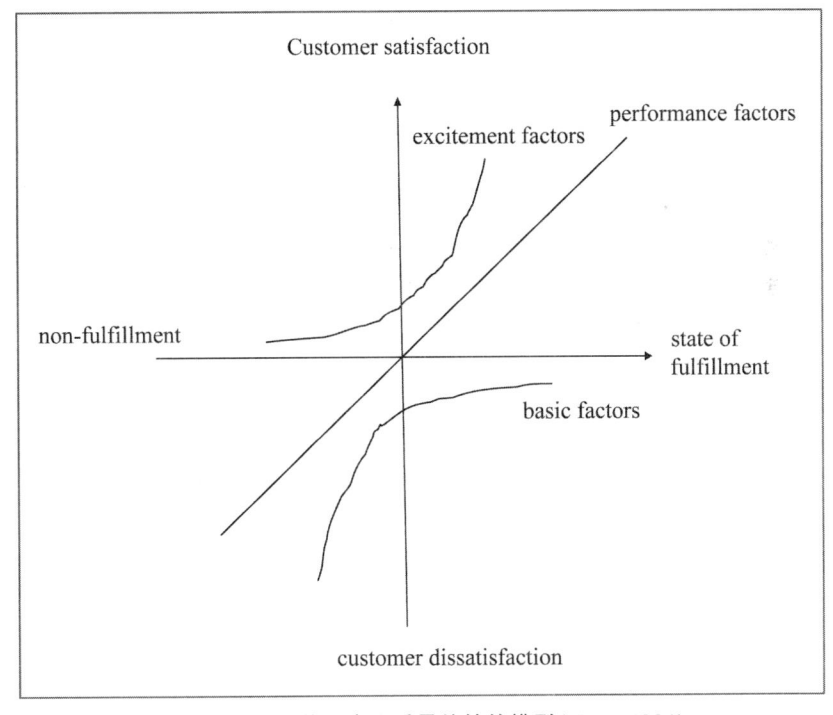

图 3-4　Kano 关于产品质量特性的模型(Kano,1984)

由此可知,如果一个员工在服务工作上的成就越大(从而其暂时的工作成就感越强),那么该员工的满意度也会越高。Vallerand 和 Bissonnette(1992)认为,处于积极心情中的个体会在任务上投入更多的时间,付出更大的努力。

另外,情感一致性回忆效应表明,人们倾向于从记忆中提取那些与他们当时的情感状态一致的信息和资料(Meyer、Gayle 和 Harman,1990)。Fredrickson(2001)也认为,积极情感可以使人们拥有更多的个人资源来用于达成目标。个人资源是人们对自己的积极评估,它与愉快心情相联系,或者说是指人们对其成功地控制和影响外在环境的能力的感知(Hobfoll 等,2003)。个人资源可以影响目标设置、动机、业绩效果、工作和生活满意度等(Judge 等,2004)。Xanthopoulou 等(2007)的研究表明,三种状态型个人资源(自我效能、组织自尊、乐观精神)对工作投入度有预测作用。这里,"状态型"有两重意思:第一,指"在特定环境中或针对具体任务";第二,指这些个人资源"具有变化性",会随外界刺激等因素的影响而波动,而不是指长久不变的个人特质。

而成就感作为一种积极情感,也可能调动较多的个人资源以增强员工的努力意向。

由上,本研究提出假设 Ha5:一线服务员工在服务工作上的成就感会显著正向影响其努力意向。

3.1.3.4 成就感与针对组织内部的角色外行为关联分析

Isen(1970)的实验表明,相对于在某项任务中表现平平和表现差的受测者,那些表现良好者投入一个慈善募捐箱的钱更多,而且也更能注意到、更乐于帮助一个陌生人;并且表现差的受测者对外部社会环境的关注度也更低;Isen 称这种现象为"成功后的温暖光辉"。

Kazdin 和 Bryan(1971)一项关于无偿献血的实验表明,当受测者被告知他们的身体很健康(这个信息与献血密切相关),其随后的献血意愿(相对于控制组)明显提高。Isen、Horn 和 Rosenhan(1973)的研究表明,相对于在保龄球运动中失败的小学生,那些获得成功的小学生更慷慨,即愿意把价值更贵重些的玩具捐献给贫困儿童设立的一个玩具基金会。

上述这些关于积极情感(positive affect)或良好心情(good mood)与广义利他行为之间关系的研究中,积极情感都是由实验操控引发,这些情感基本上可归结为"感觉自己在完成某种任务上是成功的",或"感觉自己本身所具有的某种能力很强",虽然这些所完成的任务或所具有的能力与继之而来的帮助行为基本上是不相关的;但是,由于这些情感或者与个体自身的能力相关,或者是由获得成功而引发,这与成就感内涵类似。这里需要指出的是,上述研究中的广义的利他行为,其范围比较广泛,包括像捐赠、献血等,而且帮助的对象是陌生人或者不确定的他人;这有别于工作场合中的帮助行为,即发生于员工及其同事、领导等熟人之间,与工作任务直接相关或有利于工作的完成的行为。广义利他行为(无明显利己动机)虽然与本文所感兴趣的针对组织内部的角色外行为(存在利己动机如为了在未来得到别人帮助或为维持自我形象)存在区别,但二者也有相似之处,即都是能给别人带来好处的自觉行为。

不过,因为以上的研究都是在实验操控激发积极情感后,马上测试受测者的利他行为,所以这些学者研究的都是积极情感的暂时的短期效应。至于为什么学者们只关注积极情感的短期效应而不是较长期的效应? 这可能是由于这些情感只有在短期内才起作用,或者说这些情感本身持续的时间比较短暂。一些学者的研究也支持这种推测:例如,Isen、Clark 和 Schwartz(1976)的田野调查试图研究,受测者在收到一份免费使用的文具后,在随后多久的时间内,他会(相对于控制组)更多地帮助那些打错电话的人,结果表明,在接到文具20分钟之后,实验组和控制组在帮助他人方面的表现不再有显著差别。这意味着,受测试者的积极情绪在20分钟后就几乎消失殆尽了。

与上述所说的通过某次实验操纵引发的积极情感的"瞬间"效应不同,本研究关注的是积极情感(即工作中的成就感)在较长时期内(1~2个月)的累积效应。通过考察此累积效应,才更加贴近服务组织的持续经营,以期产生一些于管理实践更有益的建议。

至于积极情感为什么会导致帮助他人的行为? Isen(1975)给出的解释是:首先,积极情感引起人的积极认知能力在获得和处理信息方面的有利变化;其次,助人行为可以使得目前积极情感状态得以维持下去。

VanEmmerik 等(2005)在研究员工工作倦怠与员工角色外行为之间的关系时认为,对自己没有什么信心的人会感到没有能力去帮助别人(即"我连自己都帮不了"),其回归分析发现,工作倦怠的一个纬度——无效能感(feelings of inefficacy),也称减弱的个人成就(reduced personal accomplishment)的程度越高,则员工的角色外行为越少。其中,无效能感是由长期的、繁多的工作任务对人的效能感造成侵蚀所致。VanEmmerik 等(2005)虽然并没有对效能感与助人行为之间的关系进行实证研究,但我们可以间接地推测,一个人的效能感可能会促进他有信心去帮助别人。由效能感和成就感的概念可知,二者的含义有重合之处,即都强调自己要具有较高程度的能力来完成工作任务。

由上述,基于成就感作为情感的"积极"性质,以及强调自身"有较强能力"的作用,本研究提出假设 Ha6:一线服务员工服务工作上成就感会显著正向影响其针对组织内部的角色外行为。

3.1.3.5 顾客积极反馈行为与员工成就感关联分析

1. 顾客针对员工的关系建设行为与员工成就感

爱德华 L. 德斯和理查德 M. 雷恩(2000)在研究自我决定理论(self-determination theory)时认为,要理解人们行为的动机,就要考虑人们胜任力需要、自主需要和关联归属需要这些内在的心理需要。也就是说,在人们追求和取得有价值的结果的过程中,为了有效地追求和达成目标,就应该关注人们上述三种心理需要在多大程度上能够得到满足;这里,员工的自主需要可理解为员工渴望上级的授权,由自己来设立工作目标、自己制定计划并负责实施等。而胜任力需要是指员工期望有这样的感觉:即工作任务的最终完成是出于自己的能力(而不是由于别人的帮助或运气好等原因),也就是强调自己具有比较强的独立完成工作的能力。而上述两种需要(自主需要和胜任力需要)得到某种程度的满足后,员工所拥有的积极心理状态虽然不能等同于成就感,但与成就感有相当的类似。

爱德华 L. 德斯和理查德 M. 雷恩(2000)还认为,关系性支持虽然不一定是维持员工内在动机的直接影响因素,不过安全、良好的关系可能为员工内在动机提供了必要的背景,是一种远距离的支持。按照这种逻辑,本研究认为,顾客对员工的关系建设行为可以看成关系性支持,会对员工的内在工作动机产生作用,而且成就感(作为内在心理需要的满足)在上述关系中起某种程度的中介作用。

另外,领导—员工交换(LMX)理论相关研究认为,作为社会交换的一方,管理者和上司会同交换的另一方,即其部分下属发展紧密的关系,并且与下属进行高质量的交换;在高质量的领导—员工关系中,领导对下属表现出超出正式规定之外的支持和影响,下属则被给予更多的自主性和责任(Epitropaki 和 Martin,2005)。Sparrowe 和 Liden(1997)认为,在高质量LMX 中,下属被纳入领导者的"内部圈子",或者说信任关系网中,他们可以享受到额外利益和积极体验。Epitropaki 和 Martin(2005)的实证结果进一步显示,高质量的 LMX 能够较大程度地提升下属的工作满意度和主观幸福感(如镇静、热情、有动力等)。这里,分析主观幸福感的内容可知,它与成就感的含义有部分接近。所以本研究认为,顾客同部分服务员工发展紧密关系有助于促进顾客—员工之间形成高质量的关系,从而引发员工的成就感之类的积极情感。

综上,本研究可以合理地假设 Ha7:顾客针对服务员工的关系建设行为会显著正向影响服务员工在服务工作上的成就感。

2. 顾客对服务员工服务质量的积极评价行为与员工成就感

韦纳(B. Weiner)的归因效果理论从微观的角度论述了一个人对其个人成就的归因过程是如何影响这个人的成就行为的。该理论认为,一个人会有意或无意地寻找先前活动结果产生的原因,而这种归因又会通过影响人们的期望和情绪情感进而影响这个人的成就动机。在先前的某种活动取得成功的情形下,当这种成功被归因于稳定的、内部的、可控制的原因(如个人的能力强、努力程度大而不是运气好、活动难度小)时,个人进一步从事这种活动的动机将被强化。

具体来讲,因为顾客是一线员工服务质量好坏的最重要的评判者,所以顾客对一线服务员工服务质量的积极评价行为一定程度上表明员工之前为顾客提供的服务是令人高度满意的,标志着服务员工之前服务工作是比较成功的;当员工把这种成功归因于自己的能力和努力时,他会产生积极的情感反应(如,觉得自己很棒、有能力),而这又会在一定程度上增强他继续为顾客提供服务的动机。

至于服务员工是否会把先前的成功归因于自己的能力或努力?Hastorf、Schneider 和 Polefka(1970)认为,人们存在一种普遍的自我服务偏见(self-servicing bias)现象,即人们普遍存在把成功归于自己,把失败归因于别人的倾向,所以,本研究认为大多数员工会把先前的成功归因于自己的能力或努力。特别对于一线服务员工而言,由于组织(及组织领导)在为这种一线服务岗位选择、指派人员时会考虑合适人选的职业胜任能力和职业个性特征(如往往要求该员工具有比较高的成就动机,亦即 A 型性格),而且员工在申请这种一线服务岗位也会考虑自己的能力和个性与岗位特性是否相符,所以,合格的一线服务员工一般都具有基本的胜任能力和较高的成就动机。

另外,根据组织社会化(organizational socialization)理论,新入职的员工会逐渐地被组织的价值观、内部规范等所同化(Ashforth、Saks 和 Lee,1998)。具体来讲,即使某个一线服务员工刚开始并不具有高的成就动机,但是随着时间的推移他也会了解到组织对一线员工的期望,了解到其他同事所具有的高成就动机,从而会提升自己的成就动机水平。那么,人的成就动机是天生的还是可以通过后天学习获得?麦科兰德(DavidC. McClelland)的习得性需要理论认为人的成就需要(从而成就动机)并非天生的,而是可以经过后天学习而得到。

总之,本研究假设 Ha8:顾客对员工服务质量的积极评价行为会显著正向影响服务员工在服务工作上的成就感。

3.1.3.6 一线服务员工被（顾客）尊重感的概念

Sedikides(1993)认为，无论是与亲友还是与陌生人交往，无论在家庭生活还是在工作中，人们都要求得到基本的尊重。

Maslow(1954)的需要层次理论认为人们具有尊重需要，这又包括对社会性尊重的需要和对自尊的需要。社会性尊重需要和自尊需要是两个有一定相关性但又相互区别的概念。自尊需要是指渴望自己有力量、信心、自由和独立的欲望；社会性尊重需要渴望得到别人的尊敬或尊重、表扬、重视或赞赏的欲望。

关于尊重感的研究既可以追溯到有关自尊的研究，也可以追溯到有关社会性尊重的研究。

学者们曾提出了概括性（通用性）水平高低不同的自尊。但这些研究都坚持一个共同的基本假定，即每个人都把他或她自身看作一个客观存在物，并且都对他或她自身持有某种态度。学者们研究的较早的是总体性自尊(global self-esteem)或称人格自尊(trait self-esteem)，是指一个人对自身价值的一种个性化的感知。这种自尊在人的童年和青年时期逐渐形成，一旦形成则比较稳定、持久，一般不会随着时间或情景的变化而变化(Brown、Dutton 和 Kathleen, 2001)。

还有学者提出状态自尊(state self-esteem)的概念。状态自尊是指由正向或负向刺激引起的短暂的情感状态；人们有时会说自己的某些经历使自尊心受到提升或威胁，此时所指的自尊即是状态自尊，或称为自我感(self-feelings)、自我价值感(feelings of self-worth)(Brown 等, 2001)。状态与总体性自尊的重要区别是：后者比前者更持久(Butler、Hokanson 和 Flynn, 1994)。从状态自尊的概念可知，它与本研究所关注的被尊重感的概念类似。

当一个人的社会性尊重需要获得一定程度的满足时，他会体验到被尊重感。Tyler 和 Lind(1992)在研究组织行为时提出了感知尊重(perceived respect)的概念，并认为这是指一个人或一群人感觉到相关他人对自己表示信任、珍视自己的观点以及向自己寻求建议。

一些研究者把被尊重感操作化地定义为被礼貌地、有尊严对待(Heuer 等, 1999; Tyler 和 Lind, 1992)，或者受到体贴和友好地对待(DeCremer, 2002; Simon 和 Sturmer, 2003)。其他研究者把尊重定义为由于遵守或违反社会规范而受到社会性赞许或反对(social approval or disapproval)(Branscombe、Spears 和 Ellemers, 2002)。

还有关于组织尊重感的研究。组织尊重感被定义为员工感觉受到组织重视(Tyler,1999)。

结合前人的研究,我们把被尊重感(sense of respect,feeling respected)定义为一个人感觉到相关他人对自己表示信任、重视自己的价值,因而被礼貌地、有尊严对待而引起的在较短期间内存在的积极情感状态。

3.1.3.7 服务员工被尊重感与努力意向关联分析

Kanfer(1992)及Kanfer和Heggestad(1997)在研究个性和工作动机时指出,远在末梢的、个性特征型的构念对工作动机和绩效没有直接影响,然而,这些构念会通过比较靠近的、状态型的构念对工作动机和绩效产生间接作用;而在这些研究中,比较靠近的、状态型的构念被认为是与具体的行为环境直接相关的或者由特定行为的环境线索引起的构念。

Luthans等(2008)认为,"状态型"(state-like)意味着"有延展性和是不断发展变化的"(malleable and open to development)。顺着这条思路,本研究认为,比较接近的、状态型的构念对动机和绩效的作用之所以比个性特征型的构念更强,是由于个性特征型的构念是人们综合以前(特别是个人成长前期)的各种经历后而形成的对事物的一般性的、比较稳定的态度,因此如果把工作动机(或绩效)看作是由若干因素发挥作用的函数,个性特征型的构念往往只对工作动机(或绩效)提供了初始值(例如,VandeWalle、Cron和Slocum(2001)关于个性型目标导向的研究支持这一看法),更具活力的、更直接的因素是由特定行为的环境线索引起的构念,如服务员工在工作场所的、顾客作为环境刺激引起的情感状态。

另外,据Kahn(1990)的研究,其研究中提出了心理上的有意义感(psychological meaningfulness)和心理上的安全感(psychological safety)两个状态型心理概念,并认为它们会促进员工个人的敬业程度(personal engagement)。当感觉自己有价值、有用、重要,仿佛自己很紧要而不是被想当然地看待时,人就体验到有意义感。感觉缺少意义则与人们感到他人对自己无所求、无所期望有关。从心理上的有意义感的定义可以看出它和被尊重感的内涵比较接近。

Kahn(1990)还认为,员工的任务特性、角色特性以及工作中的人际互动是心理上的有意义感的三种重要影响因素。其中,人际互动与本研究中的顾客积极反馈行为有一定相关性。关于工作中的人际互动,Kahn(1990)指出,有意义的交互意味着互相欣赏、尊重和积极反馈;当员工的工作涉及与同事和顾客之间有意义的人际互动时,员工也会体验到心理上的有意义感;员工与顾客的交互既可能导致高兴也可能造成沮丧,有意义的互动能够提升尊严、促进自我欣赏和价值感;有意义的互动既含有私人互动又含有职业互动的成分,虽然这两种成分之间的界限并不严格。有意义的交互使得人们感到有价值和受重视。例如,当野营者与野营咨询师沟通时缺少关心、尊重或对咨询师工作的欣赏,那么野营咨询师心理上的有意义感就会消失。

与努力意向相关的一个概念是综合认知活动(metacognitive activities)的概念,这是泛指与设置目标、制定计划、监督和分析在实现目标过程中的进展情况有关的各种自我调控行为(Schmidt 和 Ford,2003)。

Turban(2009)等的实证结果显示,在职场新人寻找工作的情形下,职场新人的积极情感能够提高其综合认知活动,进而可以提高其投放简历的数量和进行初试的数量。而本研究认为,一线服务员工,特别是专业服务业的服务员工如美发师、医生、教师等在完成工作岗位所要求的任务时都涉及一定程度的综合认知活动,原因是:1)人的行为都是目标导向的(Klein,1989);2)工作岗位所规定的职责范围为员工设定了基本的行为目标。因此,本研究认为,体验到尊重感这种积极情感的员工,其综合认知活动会得到加强,也就是说,员工的被尊重感会促使他在工作任务上的努力意向提高。

根据情感即信息理论(mood-as-information theory),情感能够把关于环境的信息提供给人们,而情感的这种作用有助于人们理解情感如何影响人们的认知过程和行为(Schwarz 和 Clore,2003)。也就是说,人们的思维过程和行为需要根据情感所提供的信息做出调整,这样才会使人得以适应环境并发挥能动性(Schwarz,2000)。积极情感给人们传达这样的信息:一切都进展顺利,所处环境是安全的、没有问题的,因此会引起更加放松的、不太规则的、耗费较少精力的信息处理方式:如更多地运用自上而下的整合策略,更广泛的、发散性思维、创新思维等(Kaufmann,2003)。由此可见,积极情感会使员工的认知和思维活动更有效率、更具创造性。而认知和思维活动效率和创造性的提高,则意味着员工对自己的能力更有信心,因而他更愿意努力工作。

Ryan、Stiller 和 Lynch(1994)针对学生的研究表明,那些感觉到他们的老师对其很热情和关心的学生,他们在学习方面的内在动机也比较高。这里,内在动机是指"人们不是因为表面的报酬而是因为活动本身而做某项活动"(Deci,1972)。Deci(1975)认为"这些活动本身就是目的,而不是达到目的的手段"。类似地,当老师感觉到学生对其很热情和关心,老师在教学工作中的内在动机也会提高。

综上,本研究提出假设 Ha9:一线服务员工的被(顾客)尊重感会显著地正向影响其对工作的努力意向。

3.1.3.8 员工被尊重感与员工的针对组织内部的角色外行为关联分析

George(1992)指出,由于情感状态相对于长期稳定的个性特质而言是行为的直接前兆,因此人的内在心理状态应该成为组织研究者们所关注的概念,以便使之能够理解诸如组织公民行为等组织中行为的原因。

有别于 George(1992)针对员工长期发展起来的、对组织较为稳定的情感性承诺,本研究关注的是相对短暂的心理状态(即员工被尊重感)的中介作用。这主要是基于:第一,顾客与服务员工之间存在有意义的交互;第二,积极情感的扩散作用来考虑。

Kahn(1990)认为,有意义的交互意味着互相欣赏、尊重和积极反馈,而且,有意义的交互使得人们"感到有价值和受重视"。Fleeson 等(2002)研究表明,有意义的社会交往能够增强人的积极情感。这意味着顾客和服务员工之间的交互可以引起员工的被尊重感。本研究认为,由顾客和服务员工之间有意义的交互引发的积极情感——被尊重感,会进而对员工的同事有正面影响(同事会得到员工的额外帮助等角色外行为)。具体分析如下:

本研究认为,就像 Fredrickson(1998)关于积极情感的扩展—建设理论所指出的那样,作为积极情感,员工的被尊重感会使他们愿意为将来利益投资(如为了在将来自己需要他人帮助时能够获得帮助,现在就对同事提供工作职责以外的帮助),为亲近或潜在的亲近他人投资(如向与自己关系亲近的同事提供工作职责以外的服务)。类似地,Forgas、Bower 和 Krantz(1984)认为积极的情感状态可以提升员工的社会意识(social awareness)水平,从而使员工更愿意展现亲社会行为。

Ise 和 Baron(1991)认为处于良好心情中的员工通过显示组织公民行为来保护或者延长其积极的情绪状态。Organ(1990)也认为,员工的积极情感会促进员工表现出组织公民行为。

George(1991)认为,感知他人对帮助的需要、移情和积极情感是影响员工针对同事的亲社会行为的几种内在心理过程。George(1991)关于积极情感的研究指出,处于积极情感之中的员工更可能用更加积极的眼光来感知其他同事以及环境,使员工的良好态度扩大化,从而进一步使员工倾向于展现出有利于组织成员的行为。虽然这些研究中所提及的"亲社会行为"和"组织公民行为"不完全是角色外行为,但是仍含有部分角色外性质。

由上,本研究提出假设 Ha10:一线服务员工被(顾客)尊重感会显著正向影响其针对组织内部的角色外行为。

3.1.3.9 顾客积极反馈行为与被尊重感关联分析

1. 顾客的关系建设行为与被尊重感

Langdon(2007)的文献回顾发现,不同的研究者对尊重这一概念的看法不尽相同,大体而言,尊重被研究者们看作社会权利(因为拥有权威或较高社会地位的人值得尊重)、社会规则或规范(即人应该恭敬有礼貌,因为这样做是恰当文明的行为方式)、关心(亲近关系中的尊重经常被视同关心)、平等和接受不同(人生而平等);其探索性研究发现,人们从四个视角看待尊重,尊重被人们看作:①个人品质(如敬业、礼貌);②行为标志(如表示关心、融洽地相处);③态度(人皆平等、接受不同观念);④社会机制(尊敬权威、相互回馈)。

由 Langdon(2007)的文献回顾可知,研究者们以往关注的是一个人自身对他人的尊重性态度(人皆平等、接受不同观念)和尊重性行为(顺从权威、举止有礼貌、表示关心等)。而对于因为他人的尊重性态度或行为而致使自己"感知到被尊重"(即被尊重感)的研究却鲜见。以往的研究中,尊敬权威、对他人表示关心和礼貌待人与本研究最为相关,这些对别人表示尊重的行为都会引起人们的被尊重感。

根据 Collins 和 Feeney(2000)的研究,在亲密关系中,当关系一方向另一方寻求帮助时,另一方所给予的支持关心能够使求助者感到被关心,并使其体验到心情的改善。也就是说,交互中的一方能够感受到对方行为所隐含的情感。

本研究认为,顾客的种种关系建设行为所表明的正是礼貌地对待一线服务员工并关心服务员工,表达了对服务员工的喜欢、尊敬等情感,因此员工应该可以体验到被尊重感。

其他研究也产生类似结果。

针对医生对患者的诊断过程的研究发现,对患者的尊重程度越高的医生越倾向于对患者展现出更多的积极情感(positive affect)以及给予更多的咨询信息,而整体上患者能够准确感知甚至高估医生的尊重态度(Beach 等,2006)。这里,医生的积极情感展现包括对患者表示感兴趣、友好、耐心、同情心以及迅速响应。可以看出,上述所指的"积极情感展现"与顾客的关系建设行为在内容上有许多重合之处,因此可以推论,一线服务员工可能把顾客的关系建设行为看作"表示尊重",并能感知到这种尊重态度,即体验到被尊重感。

综上所述,本研究提出假设 Ha11:顾客针对一线服务员工关系建设行为会显著正向影响服务员工的被(顾客)尊重感。

2.顾客对服务质量的积极评价行为与被尊重感

人们生活于一个严重依赖他人来获得各种有形或无形结果的社会中,从我们所需要的有形产品如金钱,到抽象物如尊重、羡慕和社会权利,几乎任何我们所需要的东西都有赖于他人如何看待我们(Pyszczynski、Greenberg 和 Solomon,1997)。也就是说,环境中的他人对我们的感知产生影响。

Luhtanen 和 Crocker(1992)的研究发现,当员工感知到同事、上司或高管人员等重要的组织成员提供社会性支持时,员工会觉得自己被接纳、受重视和尊重。Cohen 和 Wills(1985)关于社会性支持(socialsupport)的研究,把社会性支持分成四种支持性的社会资源:尊重、有助于评估的信息、陪伴和有形服务。本研究认为,顾客对员工服务质量的积极评价行为表达了对服务员工的尊重,传递了评估信息,属于支持性的社会资源,因此会使员工觉得自己受重视和尊重,也就是说可以引起服务员工的被尊重感。

这个推论也同其他方面的研究相吻合。Murray 等(1996)首次提出了"反映性幻觉效应"的概念,认为当一个人将其伴侣理想化或者说忽视其缺陷而注重其长处和优点,其伴侣就会从这种关系中体验到更大的满意。Murray 等(2000)认为,在恋情关系中,当一个人感觉到越是被伴侣积极看待,反过来,这个人也会更积极地看待其伴侣,从而促使他/她对其伴侣产生依恋感。这里,"满意""依恋感"无疑都是具有积极性质的情感,即,和被尊重感都属于积极情感之列。虽然顾客与服务员工之间的关系可能不如恋情中双方间的关系亲密,但由此可以推测,当顾客更多地注重服务员工的长处或更积极地看待服务员工时,服务员工可能会体验到更大的满意等积极情感。

因此,本研究假设 Ha12:对一线服务员工而言,顾客对其服务质量的积极评价行为会显著正向影响员工的被(顾客)尊重感。

另外,通过第二章的文献回顾可知,一线服务员工的情感性组织承诺对于员工针对组织内部的角色外行为和努力意向的预测作用已经在既有文献中被确立,而且情感性组织承诺的预测作用还比较强。由于情感性组织承诺的形成往往受组织因素(如任务特性、领导行为、组织公平等)在较长时期的影响所致,可以说是组织因素的重要代表;而为了比较顾客积极反馈行为(作为顾客因素)和情感性组织承诺的相对影响力,本研究也把情感性组织承诺引入假设的理论模型,因而有假设:

Ha13:一线服务员工的情感性组织承诺会显著正向影响其针对组织内

部的角色外行为。

Ha14：一线服务员工的情感性组织承诺会显著正向影响其努力意向。

综上，本研究提出理论模型A，其简洁图示见下面图3-5。

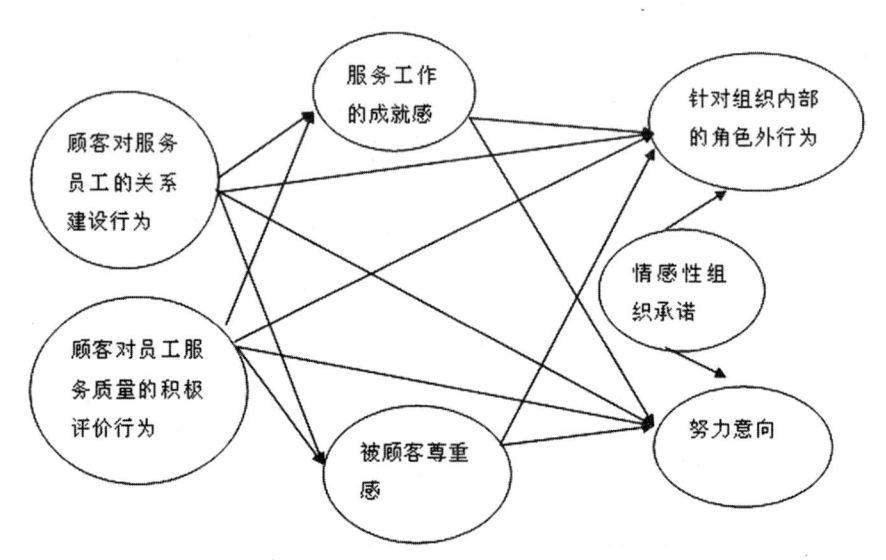

图3-5 针对组织内部的角色外行为及努力意向的
整合模型（本研究的理论模型A）

3.2 针对顾客角色外行为的整合模型

本节提出一个顾客积极反馈行为、一线员工情感性组织承诺及其感知社会规范如何影响另一种特殊的员工行为——一线服务员工针对顾客的角色外行为的整合概念模型（理论模型B）。本节同时把组织承诺、社会规范和顾客积极反馈行为纳入同一个模型之中，目的是比较这三种因素对服务员工针对顾客的角色外行为的相对影响力。除了研究目的的差异外，理论模型B作为一个独立模型加以提出，还因为考虑到避免"压迫变量"（suppressorvariables）现象，即一些（无关）变量会扩大或盖住甚至取代某些关键变量的效果，以及避免模型因太复杂（变量、路径太多）而导致无法识别，所以构建的模型力求精简。

本节中涉及顾客积极反馈行为直接和间接地影响服务员工针对顾客的角色外行为。其中，间接影响部分中，顾客积极反馈行为引发员工积极情感，进而影响员工的行为所涉及的理论基础在3.1.3小节已经阐述过，这里不再重复;下面主要阐述:顾客积极反馈行为直接影响服务员工针对顾客的角色外行为的逻辑推演,员工积极情感(服务工作上的成就感、被顾客尊重感)以及员工情感性组织承诺和社会规范影响员工针对顾客的角色外行为的逻辑推演。

关于顾客积极反馈行为与一线服务员工的积极情感之间可能的关系,在3.1节已经做了较为详细的分析,此处不再重复,仅把推论结果陈列于此,作为理论模型B中的假设:Hb1:顾客对员工服务质量的积极评价行为会显著正向影响服务员工的被(顾客)尊重感;Hb2:顾客针对服务员工的关系建设行为会显著正向影响服务员工的被(顾客)尊重感;Hb3:顾客对员工服务质量的积极评价行为会显著正向影响服务员工在服务工作上的成就感;以及Hb4:顾客针对服务员工的关系建设行为会显著正向影响服务员工在服务工作上的成就感。

3.2.1 顾客积极反馈行为对员工行为的直接影响

基本行为主义(radical behaviorism)理论认为人的行为是对环境刺激的反应,并会产生后果;人的行为并不是人的内心活动(如思考和期望)的产物,而行为的后果(包括经济奖励、他人认可等)将会影响类似行为发生的可能性(Skinner,1978)。结合本研究所关注的现象,可以认为,服务员工在较长时间段内针对顾客的角色外行为,尽管在最开始也许是受到组织文化、个人特质等有意或无意地发生了,但是由于此类角色外行为会使得顾客感到"非常满意"或"惊喜",从而导致一些后果,即顾客可能不但对服务质量加以赞扬、认可,而且对服务员工个人表现出很感兴趣和进一步密切关系的行为,所以可以说,服务员工针对顾客的角色外行为的持续发生,是受到顾客的积极反馈行为的强化作用。

类似地,还有回馈性规范理论的研究。

Gouldner(1960)认为回馈性规范是道德准则中具有普适性的最主要的成分之一;许多研究领域的研究者都承认,当收到他人的好处后,人们心理上会有一种根深蒂固的欲对之进行回馈的压力,回馈行为会使人高兴,而未能回馈则使人内疚(Dunn和Schweitzer,2005)。在社会交换中,一方对另一方加以善待时,会产生一种在将来某个时候得到报答的期望,虽然这种报答的具体时间和形式并不清楚(Wayne、Shore和Liden,1997)。

根据Rabin(1993)的广义回馈模型(a more general model of reciprocity),人们会报答他人的善意并惩罚他人的恶意,即使这样做可能会花费很大代价。Rabin认为,即使没有预料到将来会有机会再接触或会有物质利益,人们仍然会进行回馈。因为人们都有一种被他人善待的社会心理倾向,而对善待自己的他人增加报答会对人们产生效用(即生理或心理上的满足感)。将这一理论应用到顾客和服务员工之间的关系中,顾客有时会为了一些自利性目的(如满足自身对社交和情感需要,或为降低消费风险,或为了进行印象管理),而率先主动地对员工展开的关系建设行为可以看作是顾客对员工的善意之举,出于回馈原则,一般地,员工会用自己的善意行为(如表现出针对顾客的角色外行为)对顾客进行报答。

以回馈性规范为基础,社会交换理论认为,人们为他人提供好处,是希望从他人那里换取相等价值的好处(Blau,1964)。社会交换关系中,每一方都做出贡献,同时也都获得利益,而做出贡献的形式和时机却由贡献者而非接受者的意愿来决定(Konovsky 和 Paug,1994)。对于那些善待我们的人,我们通常会答应他们的请求(Burger 等,1979;Howard,1995),即使他们对我们的善待并非由于我们的主动要求(Regan,1971)。也就是说,顾客主动表现出来的反馈行为由于包含对服务员工的善意,因而服务员工可能用自己所愿意的形式(如针对顾客的角色外行为)加以报答。

由此,本研究提出假设 Hb5:顾客针对服务员工的关系建设行为会显著正向影响服务员工针对顾客的角色外行为;以及 Hb6:顾客对员工服务质量的积极评价行为会显著正向影响服务员工针对顾客的角色外行为。

3.2.2 成就感、被尊重感与针对顾客的角色外行为的关联分析

自我强化理论(self-enhancement theory)方面的相关研究表明,人们都希望有良好的自我感觉,因此人们会寻求和接受他人的积极评价(Baumister,1989),并且会对他人的积极评价报以积极的反应(Jones,1973)。Tyler(1999),以及 Kaufman、Stamper 和 Tesluk(2001)的研究表明,由于员工在组织内部感知受到尊重满足了人的自我强化需要,员工可能会对组织产生认同,并成为良好的组织公民,从而表现出针对同事的角色外行为。

按照上述逻辑,本研究认为,顾客对员工服务质量的积极评价行为和其他表示尊重的行为(如针对服务员工的关系建设行为)同样会引起服务员工产生良好的自我感觉(即被尊重感),进而服务员工会对之报以积极反应(即针对顾客的角色外行为)。

Steelman 等(2004)主张组织进行反馈性环境建设,提出在工作场合上级和同事应该向员工提供日常性的、非正式的反馈;他们识别出反馈性环境的七个构面:即反馈源的可信赖性(反馈者熟悉员工的工作表现、反馈者在评估时能够公平)、反馈传递(反馈者讲究反馈方式、注意接受者的心理感

受)、反馈可得性(接受者能够经常性地获得反馈、能够与反馈者直接沟通)、积极反馈(做得好时能及时得到表扬)、非积极反馈(失误能被反馈者指出)、反馈质量(反馈信息有意义、对接受者的工作有帮助)和有利于寻求反馈(反馈者鼓励接受者询问)。另外,Norris-Watts 和 Levy(2004)在研究反馈性环境与工作结果之间关系的中介途径时发现:当反馈性环境各侧面处于较高水平时,员工的情感性组织承诺也较高,最终导致员工表现出较高水平的针对组织内部的角色外行为(针对组织整体和组织成员)。

根据 360 度反馈理论,顾客也是一种重要的反馈源。特别是对于一线服务员工,频繁地与顾客进行交互是其工作的主要特征,因此可以说,顾客作为一种反馈源,是构成一线服务员工反馈性环境的不可缺少的重要部分。考虑到服务的特点,在一线员工提供服务时,顾客同时消费服务,并不同程度地参与到服务的传递过程,所以可以说顾客对员工的表现比较熟悉(反馈源的可信赖性较高)、顾客所提供的反馈信息有助于员工更加了解顾客的需求和偏好(反馈质量较高),因此本研究认为,顾客经常性的积极评价行为可能会促使一线员工所在的反馈性环境处于较高水平,进而导致员工产生积极情感,并最终会导致员工产生针对顾客的角色外行为。

不过,有别于上级和同事,顾客作为反馈性环境的反馈源所引发的员工角色外行为的具体类型不同,二者关系之间的主要中介途径也有差异。

首先,根据行为指向对象的不同,角色外行为可以被粗略划分为针对组织内部(即针对组织整体和组织内成员个人)的角色外行为,以及指向组织外部对象的行为,即一线员工针对顾客的角色外行为。

Gouldner(1960)认为回馈规范普遍存在。根据社会交换理论,回馈行为一般是指向某一特定的受益人的。例如,Lavelle 等(2007)指出,对于组织中不同的构成成分,员工会持有不同的态度;而且员工与组织整体的社会交换和员工与组织中的个人(如上级、同事)或组织中的团队的社会交换是有区别的。McNeely 和 Meglino(1994)以及 Settoon(1996)的研究表明员工回馈性行为的类型同参与交换的对象(如组织与员工,上级与员工)相一致。

所以本研究认为,由于顾客的行为(即积极反馈行为)是引起部分服务员工回馈行为的源头,所以服务员工回馈行为应该指向顾客(具体讲,就是员工对顾客服务过程中的角色外行为)。

其次,主要中介途径有差异。第一,上级作为组织代理人,其行为往往被员工看成是组织本身的行为(Eisenberger,1986),所以上级对员工的反馈性环境的贡献可以使员工产生对整个组织的认同,而顾客却不具备上级的这种组织代理人身份;另外,根据 Schneider(1975)的吸引(attraction)—甄选(selection)—使用(attrition)模型,具有相似特征(如背景、价值观、个性和兴趣)的人会被吸引、挑选到并保留在相同的工作部门里。而根据组织社会化方面的研究,通过相互交往,员工之间对事物会产生集体性的理解并形成相对稳定的思维模式(Kozlowski 和 Bell,2003)。Redman 和 Snape (2005)的研究也表明,同事之间会感知到彼此具有共同利益,同一个组织中的成员身份能使员工认为彼此之间具有亲近性。所以同事对员工反馈性环境的贡献可以使员工产生对同事的认同,而顾客却不具备员工及其同事都作为同一个组织中的成员的特征。

由于顾客们并没有组成一个有机的组织,而顾客和服务员工更没有属于同一个组织从而也不会因此感知到共同利益,所以顾客经常性的积极反馈一般不会使员工产生对整体顾客的认同和对顾客个体的认同,当然,服务员工针对顾客的角色外行为也就不会由于认同或承诺而被引发。不过,正如员工的情感性组织承诺首先是一种积极性质的情感一样,服务员工针对顾客的角色外行为仍然可以通过其他途径而产生:即员工的积极情感。

VaYperen(1999)针对荷兰的一家贸易公司的实证研究表明,员工参与决策能够提高员工感知的上司支持程度,从而导致员工以组织公民行为作为回馈。这个研究之所以把员工"感知上司支持"作为中介变量,是因为该学者认为,让员工参与决策"体现了上司对个体员工权利的尊重,体现了员工与上司之间高质量的关系";回馈性规范的存在促使员工产生组织公民行为。

本研究认为,顾客的积极评价行为也体现了顾客对服务员工及其劳动成果表示尊重,因此会提高服务员工感知到的顾客支持(与员工的被尊重感含义近似,即员工都感到受别人重视),并可能促使员工产生针对顾客的角色外行为。

进一步结合早期研究者(如 Isen,1972)关于积极情绪的研究,积极情绪可以促使人们进行广义的利他行为。Isen 和 Levin(1972)用实验的方法研究了人们的积极情感状态(即笼统地"感觉很好")对其助人行为的影响:受测试的学生在学习时收到免费饼干后,他们(相对于控制组)更愿意主动答应其他学生的请求,还有,受测者在投币式公共电话匣中发现硬币后,他们(相对于控制组)会更多地主动帮助陌生人捡起洒落的纸张。这里,广义利他行为和服务员工针对顾客的角色外行为都具有共同的特性:即都是人们自愿表现出来的、使他人受益的行为。

结合本研究关注的服务工作上的成就感的概念,虽然在上一节已阐述了成就感可能促进员工针对组织内部的角色外行为(主要是额外地帮助同事解决任务相关问题)是基于其"积极性质"和在完成服务任务方面"有能力的感觉",但是,上述 Isen 和 Levin(1972)关于积极情感的研究表明:单是情感具有"积极性质"就会促进广义利他行为,这意味着,作为积极情感的成就感也可能引发服务员工针对顾客的角色外行为;再者,考虑到:服务员工针对顾客的角色外行为既可能是"量"方面的额外帮助(如,医生在对患者本人的病症进行诊治外,还为患者所提供的他人类似病症进行咨询),也可能是"质"方面的额外帮助(如,博学多才的医生在对患者当前的病症进行诊治,还对患者的其他潜在病症提供指导),照此分析,则服务员工在完成服务任务方面"有能力的感觉"成分有利于促进对顾客"量"方面的额外帮助。

由上,本研究提出假设 Hb7:一线服务员工的被(顾客)尊重感会显著正向影响其针对顾客的角色外行为;以及 Hb8:一线服务员工在服务工作上的成就感会显著正向影响其针对顾客的角色外行为。

3.2.3 情感性组织承诺与针对顾客的角色外行为关联分析

虽然已有的研究表明,员工工作满意度、感知组织公平和组织承诺作为三种主要的组织因素都会对员工的组织公民行为产生积极作用(如,朱瑜、凌文辁,2003);但 Schappe(1998)的研究表明,当同时考虑员工工作满意度、感知组织公平和组织承诺对员工组织公民行为的影响时,只有组织承诺的影响是显著的。所以,本研究只把情感性组织承诺作为组织方面的一种主要因素纳入理论模型。

由于情感性组织承诺首先是一种积极情感。而积极情感的扩展—建设理论表明,积极情感可以促使人们为亲近或潜在的亲近他人投资(Fredrickson,1998)。照此逻辑,可以猜测,一线服务员工可能为与自己关系比较亲近的顾客提供工作职责以外的帮助。Isen(1970)以及 Isen 和 Levin(1972)的实验研究则表明,积极情绪(由任务完成很好、收到免费饼干等引发)可以促使人们进行广义的利他行为,如为慈善捐钱更多、更乐于帮助陌生人等。

Mackenzie、Podsakoff 和 Ahearrne(1998)的研究表明,保险销售员的组织承诺会促进其针对组织内部成员和组织整体的角色外行为。虽然,在上述研究中,销售员的角色外行为的对象并不是组织外部的顾客;但无论行为对象是什么,由于员工的这两种行为就其性质而言都属于组织公民行为,即 Organ 和 Lingle(1995)所讲的"员工自觉的、没有明确地被组织的正式报酬系统所认可的行为,而总体上这些行为能够促进组织的有效运作",所以本研究认为,服务员工的情感性组织承诺程度越高,其针对顾客的角色外行为也越频繁。

另外,虽然学者们认为回馈性规范广泛存在于组织中的社会交换(Gouldner,1960;Eisenberger 等,1986;Sparrowe 和 Liden,1997),但是仍存在许多非回馈性的事件或行为如伦理道德行为或憎恨等(Brief 和 Motowidlo,1986;Meglino 和 Korsgaard,2004)。Ballinger(2010)认为,交换关系可以在回馈性关系和非回馈性关系之间变动;并认为非回馈性关系依赖另外的途径,即依赖交换过程中个体的记忆和情绪得以运行和维持。这样,可以把服务员工针对顾客的角色外行为看作某种程度的道德行为,怀有较高程度情感性组织承诺这种积极情感的员工,可能会较多地为顾客提供额外帮助(即使顾客没有回馈)。

与此相反,Becker 和 Billings(1993)认为,对某个具体目标的承诺对于这个目标而言具有明确的意义,然而对其他目标却不一定有意义。Williams 和 Anderson(1991)的研究表明员工的承诺对象与可能的后续行为的受益人是一致的。也就是说,服务员工情感性组织承诺的对象是组织整体,因而其情感性组织承诺所引起的后续角色外行为所指向的对象(即受益人)也应该是所在组织,而不太可能是组织外部的人员,如顾客。

虽然存在以上两种相互冲突的观点,但本研究仍提出假设 Hb9:服务员工的情感性组织承诺会显著地正向影响其针对顾客的角色外行为。

3.2.4 社会规范与针对顾客的角色外行为关联分析

笼统地讲,社会规范是一个社群的所有成员所持有的针对某种受社会环境约束的行为的共同准则(Gibbs,1989)。Kaufman 和 Stern(1988)认为,社会规范存在于所有的交换行为之中,从非常离散型的交易到高度关系型的交换。

North(1990)把社会规范区分为正式的和非正式的两种:正式的规范是指那些被公开地明文陈述的规范如法令或法律。非正式的社会规范指那些虽未被公开陈述却被某个群体的大多数成员隐含地理解了的关于交换的准则;这包括基于传统或习俗的准则以及那些具有某种道德支持的准则。Cialdini、Kallgren 和 Reno(1991)把社会规范又分为两种,即描述性规范(表明大多数人在做什么事情)和迫使性规范(表明什么事情是受到赞同或反对的)。本研究所指的社会规范属于非正式的社会规范,包括描述性和迫使性规范两种。

Kallgren、Reno 和 Cialdini(2000)曾指出,既有的文献并没有就社会规范对个体行为的解释和预测效力达成一致意见。例如,Tanh 和 Teo(2000)的研究发现,迫使性社会规范对一个人使用网络银行的行为意向(进而对实际行为)不存在显著影响。Wang、Chen、Chang 和 Yang(2007)关于网上购物的实证研究也得出类似结论。但是,根据合理行为理论,社会规范会影响人们的行为意向,并进而对人们的实际行为产生作用(Ajzen,1991)。其他大量实证研究也表明,社会规范对个体的行为具有较强影响,这些社会规范涉及不同种类的行为,如表示偏见 Crandall、Eshleman 和 O'Brien,2002)、学生饮酒(Prentice 和 1993)、工作中的矫饰情绪展露(Sutton,1991)、遵从权威(Asch,1956)等。Bamberger 和 Biron(2007)的实证研究发现,即使排除了组织群体中正式的缺勤规范的影响后,员工的同辈参照群体中的缺勤规范仍对其缺勤行为产生显著影响。

近来 Bamberg、Hunecke 和 Blobaum(2007)的研究则表明,描述性社会规范可以促进人们的亲社会行为(如不乱丢乱弃、使用公交车而不用私家车来通勤以保护环境)。虽然上述亲社会行为和本研究所关注的针对顾客的角色外行为不尽相同,但二者都具有利他性,都是能给周围他人带来好处的自觉行为。

由上,本研究提出假设 Hb10:社会规范会显著正向影响服务员工针对顾客的角色外行为。

综上,本研究提出理论模型 B,其简洁图示如图 3-6 所示。

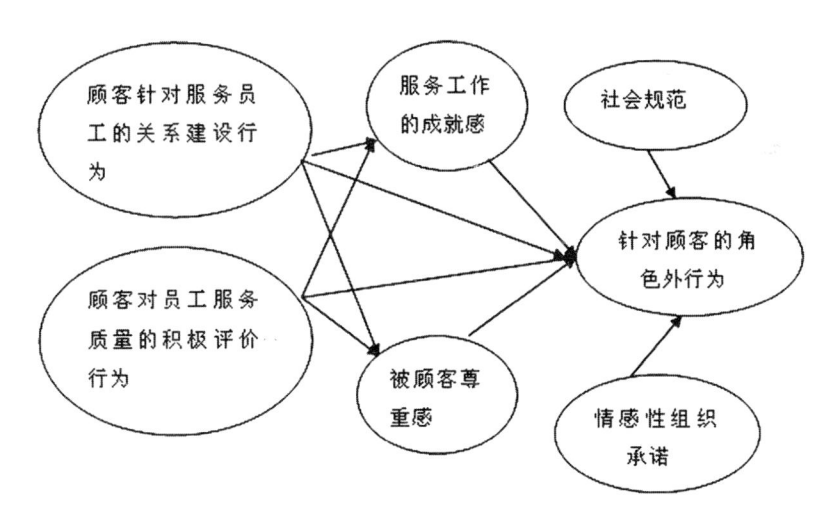

图 3-6 针对顾客的角色外行为整合模型(本研究的理论模型 B)

第 4 章　研究设计

本研究在研究方法方面：①根据 Lal、Outland 和 Staelin(1994)的建议，本研究利用个体水平的数据来检验个体水平的模型；②依照 Christen、Iyer 和 Soberman(2006)的观点，本研究使用两种不同的数据来源（即顾客和服务员工）来测量不同的构念，这样可以降低共同方法偏误和共同来源偏误。

4.1　样本与数据收集

当前，我国正谋求从人口大国到人力资源强国的转变，在这一转变过程中，高等教育行业无疑具有举足轻重的作用。因此，本研究首先把抽样对象锁定在高等院校中的教师及其学生。显然，整体上，高等教育行业与其他服务行业相比较而言具有自身的独特性，比如前者中的服务员工（即教师）和服务对象（即学生）的受教育程度更高，服务对象年龄段更集中等，所以，本研究还进一步把医生及其患者，美容师、美发师及其对应的顾客作为抽样对象，以增加本研究的外部效度。

样本包括来自成都、重庆、郑州、洛阳、开封、深圳、贵州等地 19 所高校的目前承担教学工作的老师及其学生，来自郑州、洛阳、新乡 9 所医院的目前承担一线诊治工作的医生及其患者，以及来自郑州、新乡 8 所美发机构的美发师及其顾客和郑州 1 家女子美容连锁机构的美容师及其顾客。

本研究采用配比研究的调查方法。所谓配比研究，简言之，就是由一类样本来填答与概念模型中自变量相对应的题项，另一类样本来填答与结果变量相对应的题项，这样获得的配比数据可以一定程度地降低共同方法偏误(commonmethod bias)(Podsakoff 等，2003)。本研究问卷调查中，由顾客来填答两种涉及顾客自身的行为（在概念模型中作为自变量，包括顾客对服务员工的关系建设行为和顾客对员工服务质量的积极评价行为）的题项，而服务员工则对涉及其自身的认知、情感和行为（在概念模型中作为中介和结果变量，包括服务员工的成就感、感知尊重、努力意向、针对组织内部的角色外行为和针对顾客的角色外行为)的题项进行填答。另外,为了获得更多其他方面的信息以便进行影响因素之间的比较,服务员工的情感性组织承诺和社会规范也由服务员工来填答。为了更加贴近实际情况,本研究选择一位服务员工搭配多个(即3个)顾客的方法,以随机选择的3个顾客的平均水平来近似地代表顾客的整体水平(即把属于某一个服务员工的3名顾客在某一题项上的3个得分先加总,再求出其算术平均值,以该平均值来表示这3名顾客在这一题项上的得分)。

正式问卷调查于2009年12月—2010年1月进行,在所联系的高校/医院/美发机构/美容机构中,每个高校教师/医生/美发师/美容师填答1份服务员工版问卷(每份2页);并随机地向自己相应的3个学生/患者/美发顾客/美容顾客发放顾客版问卷(每份1页),每位学生/患者/美发顾客/美容顾客填答一份,然后由自己的老师/医生/美发师/美容师负责收回顾客版问卷。问卷分为三小部分:首先简要说明本次调查的目的,突出学术研究性质,并强调匿名性和保护私人信息;接下来是问卷正文,即供被试勾选填答的一系列题项;最后是被试的人口统计信息(如性别、受教育程度等)。1份服务员工版问卷加上对应的3份顾客版问卷视为一套。由于是配比数据(matched data)调查,为了获得配比数据而不至于在调查问卷的发放、填答和收回过程中出现混乱,每一套问卷被装在一个档案袋中,其中应由服务员工填答的问卷有2页,被钉在一起;应由顾客填答的问卷有3页,分散地装在档案袋里,以方便分别发放给3个不同的服务对象。填答完整的一套问卷仍装在原来的档案袋中,由各高校/医院/美发机构/美容机构中的调研联系人负责最后集中收回(表4-1)。调研联系人是和作者关系比较密切的亲戚、同学、朋友,事先向他们说明了本次问卷调查的目的、匿名性和需注意的要点事项(如问卷调查时不要借助单位领导的力量,以免造成服务员工的忧虑;申明本次调查研究的匿名性;参与员工和顾客的自愿性、填答的完整性等),每位调研联系人除自己负责一套问卷的填答外,大多还按其能力和时间限制情况,再负责向其同事发放和收回约5～25套问卷。

发放问卷总计570套(其中,高等教育行业290套,其他行业280套),在规定时期内收回490套(其中,高等教育行业250套,其他行业240套);针对收回的问卷,剔除漏答、缺页、填答数字具有明显规律(如所有题项均填答成同一数字等)的问卷,有效问卷为416套(其中对服务员工类样本的统计,男性223人,占53.6%,女性193人,占46.4%;相应地,顾客类样本中,男性575人,占46.07%,女性673人,占53.93%)。有效样本中高校教师209人(其中男性132人,占63.2%,女性77人,占36.8%);有效非教师样本207人(其中男性91人,占44%,女性116人,占56%),具体来讲,医生101人(其中男性51人,女性50人,男女所占比例分别为50.5%和49.5%),美发师61人(其中男性40人,女性21人,男女所占比例分别为65.57%和34.43%),美容师45人(全为女性)。就受教育程度而言,69.23%的服务员工类样本即288人具有本科及以上学历;59.77%的顾客类样本即746人接受过本科及以上学历教育。具体如表4-2所示。

表4-1 数据采集情况表

样本类别	抽样地域	联系人	单位	发放量	回收量	回收总数量
高校教师	四川成都	邱小平、潘小东、陈金喜、肖清华、翟家保	西南交通大学	25	20	250(209)
		蒋林	西南石油大学	2	1	
		胡本勇	电子科技大学	5	4	
		张惠琴、王敏晰、顾建庄	成都理工大学	49	36	
		曾传华	西华大学	5	4	
		卫萌菡	四川师范大学	7	5	
		理同新	四川体育学院	25	25	
	重庆	易文德	重庆文理学院	7	5	
	贵州毕节	孙淑桥	毕节学院	10	8	
	广东深圳	苏方国	深圳大学	10	10	
	河南开封	李志强	河南大学	30	25	
	河南郑州	刘孟晖、狄卫民	郑州大学	15	15	
		皇民	郑州工程学院	15	15	
		董奋义、锁利民	河南农业大学	10	10	
		徐贵宏	河南财经政法大学	6	5	
		高勇	河南财贸专科学院	6	5	
	河南焦作	乔全喜	河南理工大学	25	25	
	河南洛阳	孙士保、马保华	河南科技大学	30	25	
		毛玉峰	洛阳理工学院	8	7	

第4章 研究设计

续表

样本类别	抽样地域	联系人	单位	发放量	回收量	回收总数量
医生	河南郑州	马春晓	河南省人民医院	8	7	115(101)
		马南、宋军明	郑州大学第一附属医院	12	10	
		杨伟民	郑州大学第二附属医院	20	20	
		余娟	郑州市第九人民医院	10	9	
		邵南立	郑州市骨科医院	6	5	
	河南洛阳	蒋世彦	洛阳市中心医院	10	10	
	河南新乡	张志辉	新乡市豫北惠济医院	26	18	
		娄卫宏	新乡市获嘉县人民医院	35	21	
		徐建功	新乡市获嘉县中医院	25	15	
美容师	河南郑州	魏荣花	郑州市正婷美容连锁	50	50	50(45)
美发师	河南郑州	杨站其、张广超	郑州丁丁美发连锁、米卢美发厅	20	20	75(61)
		华少	郑州苏秀美发厅、火部落美发厅	20	20	
	河南新乡	翟秀丽	新乡市中铝美发厅	10	10	
		张军霞	获嘉县大发师美发厅	10	10	
		李颖	获嘉县霞飞美发厅、唯美美发厅	18	15	

注：()内数字为回收问卷中相应的有效问卷数量。

表 4-2 样本结构

大类		服务员工类				服务员工类样本比例(%)	顾客类				顾客类样本比例(%)
	小类	教师(209)	医生(101)	美容师(45)	美发师(61)		学生(627)	患者(303)	美容顾客(135)	美发顾客(183)	
性别	男	132	51	0	40	53.6	340	176	0	59	46.07
	女	77	50	45	21	46.4	287	127	135	124	53.93

续表

大类	小类	服务员工类 教师(209)	医生(101)	美容师(45)	美发师(61)	服务员工类样本比例(%)	顾客类 学生(627)	患者(303)	美容顾客(135)	美发顾客(183)	顾客类样本比例(%)
受教育程度	初中及以下	0	0	17	11	6.73	0	87	0	17	8.33
	高中	0	5	20	16	9.86	0	57	0	39	7.69
	中专	0	3	7	9	4.57	0	24	7	20	4.09
	大专	1	19	1	19	9.62	91	75	42	43	20.11
	本科	24	50	0	6	19.23	496	51	66	49	53.04
	硕士	104	19	0	0	29.57	40	9	20	15	6.73
	博士及以上	80	5	0	0	20.43	0	0	0	0	0
从业时间(单位:年)	<1	13	5	12	4	8.17					
	1~4	63	27	17	9	27.88					
	5~8	56	23	13	24	27.88					
	9~14	31	21	0	7	14.18					
	15~19	24	13	1	10	11.54					
	20~24	14	5	1	4	5.77					
	≥25	8	7	1	3	4.57					
年龄(单位:岁)	<18						0	9	0	4	1.04
	18~25						592	15	0	65	53.85
	26~35						31	51	51	50	14.66
	36~45						4	60	71	43	14.26
	46~55						0	72	13	14	7.93
	56~65						0	55	0	5	4.81
	≥66						0	41	0	2	3.45

注:()内数字为相应类别有效样本数量。

4.2 分析方法

对于由正式问卷调查所收集来的数据,运用 Amos 7.0 统计软件进行测量模型和结构模型分析。测量模型分析主要是利用正式问卷调查收集到的数据对每个量表进行检验,包含可靠性分析和确认性因子分析。可靠性分析目的是检验测量量表的信度;确认性因子分析目的是检验量表的收敛效度、区别效度和测量模型与数据的拟合程度。结构模型分析目的在于检验各个潜变量之间的路径系数的大小、方向性、显著程度,以及结构模型与数据的拟合程度,以求对研究假设和理论模型进行检验。

4.3 量表的开发

本研究所涉及的量表主要来自国外权威期刊,为符合本研究样本所处实际环境,字词略有修改,如有些题项把"在购物时"该为"在教学工作中/诊治工作中/美发(容)服务过程中"等。以下是调查问卷中各量表的来源及一些测量题项。

为了确保所开发出来的量表能够较好地符合研究目的,使相应的测量的题项较好地反映对应的潜变量的概念含义,作者按照 Churchill(1979)以及 Anderson 和 Gerbing(1988)的建议,通过以下步骤来获得测量题项:

(1)结合初步确立的研究概念框架,对近年来国外消费者行为、市场营销和人力资源管理方面核心期刊中的文献进行广泛扫描,找出比较适用的成熟量表。文献查询结果是:①情感性组织承诺(affective organizational commitment,AOC)的测量题项来源于 Mayer 和 Schoorman(1992)的研究,有 8 个题项;②针对组织内部的角色外行为(extra-role behaviors directed at organization,ERBO)的测量题项来源于 CHEN(2009)的研究,有 6 个题项;③努力意向(effort intention,EI)的测量题项来源于 Karatepe 等(2006)的研究,有 5 个题项;④服务工作上的成就感(sense of achievement,SOA)的测量题项来源于 Garretson 和 Burton(2003)的研究中"购物者成就感"的 4 个题项(语境修饰词有修改,即把"当购物时"改为"在服务顾客过程中");⑤针对顾客的角色外行为(extra-role behaviors directed at customers,ERBC)的测量题项来源于 Battercourt、Gwinner 和 Meuter(2001)的研究,有 3 个题项;⑥社会规范(social norms,SN)的测量题项有 3 个来源于

Bamberg 和 Schmidt(2003)的研究,又根据 Bamberg 等(2007)的研究,增加 1 个描述性规范题项;⑦顾客对服务员工的关系建设行为(customer's relationship biulding behaviors with service employee,CRB)的测量题项来源于 Kellogg 等(1997)的研究,有 6 个题项;⑧顾客对员工服务质量的积极评价行为(customer's positive appraisal behaviors on service quality of employee,CPA)的测量题项由"积极评价行为"+"评价的内容(即员工的服务质量)"组成,"积极评价行为"的部分借鉴了 Kohli(1985)的研究中管理者对下属的"适当赞许行为(contingent approving behaviors)"(指当下属出现种种良好工作表现时,管理者对之加以"明确认可""赞许""表扬"等)的测量方式,而"评价的内容"(即"员工服务质量"的细项)又区别教育与非教育行业,分别来源于 Abdullah(2005)的高等教育服务质量量表中与教师个人紧密相关的 8 个题项和 Reidenbach 和 Sandifer-Smallwood(1990)的医院服务质量量表中与医生个人紧密相关的 8 个题项;⑨被尊重感(feeling respected,FR)的测量题项以 TylerheLind(1992)的研究中的 3 个题项为主,又结合了 Schneider 和 Alderfer(1973)的研究中的 2 个题项"我觉得顾客对我非常尊重、有礼貌""和顾客在一起,我觉得我可以表现出真实的自我"。

(2)根据概念框架的需要,结合相关理论或定性研究,自行发展了一些题项或拓展了某个量表适用抽样对象的范围。具体地,第一,作者把"针对顾客的角色外行为"这一概念的定义作为测量该概念的一个新增加的题项,即增加"在服务顾客时,我(指服务员工)所做的比必须做得更进了一步(to do an extra mile)"一题,因为主观觉得既存的 3 题项量表主要突出"员工的表现超出职责范围或要求",而增加的一个题项强调"更进一步",这样更加贴近顾客这种行为的积极性质。第二,在对经验较丰富(指从业 1 年以上)的 6 名美容师和 6 名美发师,以及 6 名美容消费者和 6 名美发消费者的深度访谈的基础上,认为从步骤(1)中得到的"医生服务质量"的测量量表,对个别词语略加修改就可以较好地适用于美容及美发行业,如:对于"很方便地找到主治医生/美容师/美发师""主治医生/美容师/美发师对我(指顾客)的治疗方案/美容方案/发型设计方案加以足够的解释""主治医生/美容师/美发师的过硬的技术""出现预期的治疗/美容/美发效果""主治医生/美容师/美发师详细指导我(指顾客)回家后如何照料自己/打理自己的头发""主治医生/美容师/美发师对我(指顾客)很有礼貌、殷勤""主治医生/美容师/美发师能考虑我(指顾客)的特殊需求""主治医生/美容师/美发师进行职业化着装"这 8 项与服务员工紧密联系的服务质量细项在医疗和美容、美发行业具有普遍性,这也符合 Kelley 等(1990)对服务类型的划分,因为医疗、美容、美发这三类服务具有很大程度的相似,皆可归属于"直接作用于人体的、顾客定制化水平比较高的服务类型";另外,对于顾客通过怎样的方式进行积极评价这一问题,通过访谈,作者通过在上述8个测量题项之前的问题叙述部分加以解决,具体而言,是增加一个比较长的状语句,即"最近几个月来,您或许通过口头语言向您的主治医生/美容师/美发师当面地或通过手机短信、电话等方式对主治医生/美容师/美发师进行正面评价",然后增列"您以下的这些实际行为是否经常发生?"一句。

(3)作者将确定下来的测量量表交给2名西南交通大学营销方向的博士生,以及高校教师、医生、美容师、美发师和大学生、患者、美容及美发消费者各2名进一步加以检查,以使字词贴切和语句通顺易懂。最终确定本研究所用的初步测量量表包括的题项为:服务员工类题项36个;顾客类题项22个;顾客类题项中,顾客对服务员工的关系建设行为包括6个题项(学生样本和非学生样本即患者、美容、美发消费者样本通用),顾客对员工服务质量积极评价行为包括8个学生样本适用的题项和8个非学生样本适用的题项,考虑分别不同类型的样本时,则学生样本适用量表的测量题项共计6+8=14个,非学生样本适用量表的题项也是14个。

所有题项均采用7点Likert尺度来计量,对服务员工类量表来讲,"1"表示最不同意,"7"表示完全同意;对顾客类量表来讲,"1"表示从未发生,"7"表示总是发生。

4.4 量表的前测和再测信度检验

在正式问卷调查之前,首先利用本研究初步开发出来的量表进行了test-retest小样本测试和检验。小样本测试的高校教师及学生部分的数据收集在郑州和洛阳两地进行,医生/美容师/美发师及患者/美容消费者/美发消费者部分的数据收集在新乡和郑州进行。利用同样的问卷、针对同一测量对象以半个月为时间间隔,分先后两次实施。由于前测的目的是针对单个潜变量逐一进行分析,而不分析潜变量与潜变量之间的关系,所以本阶段的问卷调查没有采用一线服务员工和顾客按1:3的比例抽样,而是对服务员工和顾客按照1:1的比例配对抽样。这一阶段的抽样对象分两类,具体为:第一类为服务员工,包括40名高校教师、20名医生、10名美容师和10名美发师共计80人;第二类为顾客,包括40名高校学生、20名患者、10名美容服务消费者和10名美发消费者共计80人。

利用SPSS11.5软件逐一针对每个潜变量所对应的测量量表进行因子分析和信度分析,对于每个潜变量的各测量题项按照其因子载荷不小于

0.5,内部相关系数(item-total correlation)不小于 0.5,内部一致性信度(Cronbach's α)值须大于 0.6,以及共同度(communalities)须大于 0.5 的标准进行删减,删去了:被尊重感变量中的题项"我觉得我教的学生/我的患者/我的顾客对我非常尊重、有礼貌";针对组织内部的角色外行为变量中的题项"我深入了解自己学院或系、所/自己科室/自己所在美容机构/自己所在美发机构中存在的问题,而对于这些问题我的见解可能管用";顾客对员工的关系建设行为变量中的题项"我调查了解这位老师/医生/美容师/美发师与我之间的共同背景或兴趣爱好",其余题项全部进入正式调查问卷。删除以上三个题项后前测与再测问卷的信度、效度检验结果如表 4-3 所示。

表 4-3 前测及再测问卷的质量检验结果

变量	题项	前测信度与效度 内部相关系数	前测信度与效度 Cronbach's α 及累积变异解释度	再测信度与效度 内部相关系数	再测信度与效度 Cronbach's α 及累积变异解释度
服务工作中的成就感(SOA)	Soa1	0.7116	0.8389; 67.451%	0.6825	0.8423; 67.924%
	Soa2	0.6668		0.6954	
	Soa3	0.6921		0.7473	
	Soa4	0.6169		0.5846	
被顾客尊重感(FR)	Fr1	0.5553	0.7877; 62.187%	0.5535	0.7816; 60.952%
	Fr2	0.6507		0.6350	
	Fr3	0.6243		0.5871	
	Fr4	0.5863		0.5891	
情感性组织承诺(AOC)	Aoc1	0.7825	0.9313; 67.809%	0.7735	0.9288; 66.994%
	Aoc2	0.7560		0.7163	
	Aoc3	0.8477		0.8454	
	Aoc4	0.6367		0.6307	
	Aoc5	0.7413		0.7468	
	Aoc6	0.8211		0.8248	
	Aoc7	0.7365		0.7361	
	Aoc8	0.7836		0.7770	

续表

变量	题项	前测信度与效度		再测信度与效度	
		内部相关系数	Cronbach's α 及累积变异解释度	内部相关系数	Cronbach's α 及累积变异解释度
努力意向(EI)	Ei1	0.7716	0.9168; 75.074%	0.7609	0.9146; 74.678%
	Ei2	0.7816		0.7509	
	Ei3	0.8130		0.8296	
	Ei4	0.7912		0.7894	
	Ei5	0.7742		0.7845	
针对组织内部的角色外行为(ERBO)	Erbo1	0.6095	0.8776; 67.394%	0.6081	0.8720; 66.503%
	Erbo2	0.6795		0.7371	
	Erbo3	0.8021		0.7631	
	Erbo4	0.7632		0.6967	
	Erbo5	0.6950		0.6974	
针对顾客的角色外行为(ERBC)	Erbc1	0.6272	0.8390; 67.497%	0.6469	0.8444; 68.419%
	Erbc2	0.6389		0.6815	
	Erbc3	0.7405		0.7364	
	Erbc4	0.6862		0.6644	
社会规范(SN)	Sn1	0.5786	0.8206; 65.490%	0.5872	0.8207; 65.743%
	Sn2	0.6785		0.6996	
	Sn3	0.7506		0.7440	
	Sn4	0.5800		0.5624	
顾客对服务员工的关系建设行为(CRB)	Crb1	0.6358	0.8589; 64.125%;	0.6425	0.8591; 64.261%
	Crb2	0.7658		0.7639	
	Crb3	0.7106		0.7286	
	Crb4	0.6794		0.6431	
	Crb5	0.5882		0.6063	

续表

变量	题项	前测信度与效度		再测信度与效度	
		内部相关系数	Cronbach's α 及累积变异解释度	内部相关系数	Cronbach's α 及累积变异解释度
顾客对员工服务质量的积极评价行为(CPAed)	CPAed1	0.7672	0.9350;68.842%	0.7520	0.9315;67.927%
	CPAed2	0.7710		0.7392	
	CPAed3	0.8155		0.7759	
	CPAed4	0.7480		0.7897	
	CPAed5	0.7570		0.7497	
	CPAed6	0.7638		0.8005	
	CPAed7	0.7685		0.7081	
	CPAed8	0.7893		0.7991	
顾客对员工服务质量的积极评价行为(CPAned)	CPAned1	0.6248	0.9066;61.283%	0.6214	0.9092;61.925%
	CPAned2	0.7308		0.6629	
	CPAned3	0.6543		0.7256	
	CPAned4	0.7338		0.7144	
	CPAned5	0.7430		0.7544	
	CPAned6	0.7388		0.7632	
	CPAned7	0.7831		0.7670	
	CPAned8	0.6359		0.6863	

注：对于潜变量顾客对员工服务质量的积极评价行为的测量量表，CPAed 表示该量表适用于教育行业样本，CPAned 表示该量表适用于非教育行业样本。

4.5 正式测量量表的信度和效度检验

为检查正式调查问卷的可靠性，作者利用大规模抽样样本数据对之进行信度和效度检验。根据有关统计要求，其抽样适当系数 KMO＞0.6，累积变异解释度＞60%，题项内部相关系数(item-total correlation)＞0.5，题项共同度（communalities）＞0.5，意味着问卷具有较好的结构效度；Cronbach's α值＞0.6，说明问卷结构信度较好（Helms等，2006）。

根据以上标准，潜变量被尊重感的题项1（和学生/患者/顾客在一起时，我可以表现出真实的自我）因为其内部相关系数为0.4775，共同度为0.470，均小于0.5而必须加以删除；潜变量情感性组织承诺的题项4（我很关心自己单位的命运）内部相关系数为0.5728，因其共同度为0.429，顾客对服务员工的关系建设行为之题项5（我主动与我的老师/主治医生/美容师/美发师一起分享人生故事）的内部相关系数为0.5401，共同度为0.484，二者共同度都小于0.5，也应该删除。顾客对员工服务质量的积极评价行为这个潜变量由于具有两种不尽相同的测量量表，分别适用于教育行业样本与非教育行业样本，所以对该量表的信度和效度，作者分别利用教育与非教育行业样本的数据加以检验，检验结果表明，非教育行业中潜变量顾客对服务质量的积极评价行为的题项1（对于能够很方便地找到我的主治医生/美容师/美发师，我对之表示明确肯定之情）内部相关系数为0.5771，因其共同度为0.449，可予以删除。删除这些题项后，针对剩余题项再做信度效度检验，结果量表各项信度与效度指标均符合要求（表4-4）。因此，整体而言，可以说正式调查问卷的结构信度和效度较好，使用该问卷进行数据抽样是合适的、可信的。

表4-4 正式抽样问卷的信度和效度检验结果

潜变量	题项	内部相关系数（Item-total correlation）	共同度（communa-lities）	抽样适当参数（KMO）	累积变异解释度（%）	Cronbach's α
成就感（SOA）	Soa1	0.6749	0.692	0.799	66.925	0.8318
	Soa2	0.7345	0.753			
	Soa3	0.6843	0.695			
	Soa4	0.5580	0.537			
被尊重感（FR）	Fr2	0.5969	0.685	0.690	67.602	0.7594
	Fr3	0.6181	0.708			
	Fr4	0.5556	0.635			

续表

潜变量	题项	内部相关系数 (Item-total correlation)	共同度 (communa-lities)	抽样适当参数 (KMO)	累积变异解释度(%)	Cronbach's α
情感性组织承诺 (AOC)	Aoc1	0.8130	0.757	0.911	69.952	0.9278
	Aoc2	0.7484	0.675			
	Aoc3	0.8229	0.772			
	Aoc5	0.7364	0.651			
	Aoc6	0.8205	0.766			
	Aoc7	0.7019	0.602			
	Aoc8	0.7569	0.674			
努力意向 (EI)	Ei1	0.7510	0.703	0.870	76.464	0.9229
	Ei2	0.7786	0.739			
	Ei3	0.8164	0.785			
	Ei4	0.8152	0.783			
	Ei5	0.8382	0.813			
针对组织内部的角色外行为 (ERBO)	Erbo1	0.5903	0.528	0.847	65.416	0.8658
	Erbo2	0.6321	0.578			
	Erbo3	0.7711	0.758			
	Erbo4	0.7475	0.728			
	Erbo5	0.7050	0.680			
针对顾客的角色外行为 (ERBC)	Erbc1	0.5971	0.577	0.799	68.287	0.8417
	Erbc2	0.6424	0.646			
	Erbc3	0.7502	0.767			
	Erbc4	0.7303	0.742			
社会规范 (SN)	Sn1	0.5561	0.556	0.768	64.935	0.8125
	Sn2	0.7149	0.750			
	Sn3	0.7480	0.780			
	Sn4	0.5275	0.512			

续表

潜变量	题项	内部相关系数（Item-total correlation）	共同度（communalities）	抽样适当参数（KMO）	累积变异解释度（%）	Cronbach's α
顾客对服务员工的关系建设行为（CRB）	Crb1	0.5786	0.575	0.800	64.608	0.8142
	Crb2	0.6843	0.702			
	Crb3	0.6541	0.667			
	Crb4	0.6283	0.641			
顾客对员工服务质量的积极评价行为（CPAed）	Cpaed1	0.7516	0.657	0.917	70.814	0.9405
	Cpaed2	0.8046	0.734			
	Cpaed3	0.7899	0.711			
	Cpaed4	0.7963	0.716			
	Cpaed5	0.7061	0.594			
	Cpaed6	0.8503	0.795			
	Cpaed7	0.8146	0.746			
	Cpaed8	0.7897	0.713			
顾客对员工服务质量的积极评价行为（CPAned）	Cpaned2	0.6672	0.585	0.887	66.098	0.9088
	Cpaned3	0.7504	0.689			
	Cpaned4	0.7089	0.640			
	Cpaned5	0.7894	0.738			
	Cpaned6	0.8296	0.768			
	Cpaned7	0.7565	0.674			
	Cpaned8	0.6428	0.532			

注：对于潜变量顾客对员工服务质量的积极评价行为的测量量表，CPAed 表示该量表适用于教育行业样本，CPAned 表示该量表适用于非教育行业样本。

4.6 测量模型分析

对于本研究第 3 章所构造的两个理论模型，即理论模型 A（针对组织内部的角色外行为和努力意向整合模型）和理论模型 B（针对顾客的角色外行为整合模型），本节分别构建了与之相对应的两组测量模型，为了了解测量指标(即题项)对相应的潜变量是否有足够的反映,作者利用 Amos 7.0 统计软件对这两组测量模型的信度和效度进行检验和分析。

4.6.1 针对组织内部的角色外行为和努力意向整合模型的测量模型分析

利用 Amos 7.0 软件进行测量模型的验证性因子分析的时候,因为使用默认的极大似然法(Maximum Likelihood,ML)来估计参数,因此,需要首先对数据是否符合多变量正态分布之假定进行检验。检验结果表明(表 4-5),理论模型 A 涉及的 7 个潜变量(其中,对于潜变量"顾客对员工服务质量的积极评价行为"区别教育行业中的学生样本与非教育行业中的消费者样本,分别检验)的各观测变量偏度系数绝对值介于 0.024~0.939 之间,均小于 3,峰度系数绝对值介于 0.025~1.028 之间,均小于 10,因此数据都基本符合正态分布(黄芳铭,2005)。

表 4-5 多变量正态分布检验

潜变量	题项	偏态系数(skewness)	峰度系数(kurtosis)
成就感(SOA)	Soa1	−0.399	−0.490
	Soa2	−0.278	−0.493
	Soa3	−0.520	−0.321
	Soa4	−0.157	−0.124
被尊重感(FR)	Fr1	−0.105	−0.432
	Fr2	0.029	−0.577
	Fr3	−0.343	−0.294
	Fr4	−0.114	−0.364
情感性组织承诺(AOC)	Aoc1	−0.125	−0.615
	Aoc2	−0.444	−0.243
	Aoc3	−0.343	−0.470
	Aoc4	−0.675	0.068
	Aoc5	−0.107	−0.378
	Aoc6	−0.395	−0.276
	Aoc7	−0.161	−0.373
	Aoc8	−0.215	−0.364

续表

潜变量	题项	偏态系数(skewness)	峰度系数(kurtosis)
努力意向(EI)	Ei1	−0.761	0.327
	Ei2	−0.749	0.269
	Ei3	−0.939	1.028
	Ei4	−0.740	−0.200
	Ei5	−0.863	0.410
针对组织内部的角色外行为(ERBO)	Erbo1	0.468	−0.260
	Erbo2	0.139	−0.425
	Erbo3	0.117	−0.458
	Erbo4	0.209	−0.480
	Erbo5	0.117	−0.612
顾客针对服务员工的关系建设行为(CRB)	Crb1	0.228	−0.052
	Crb2	0.224	−0.301
	Crb3	−0.149	−0.025
	Crb4	0.133	−0.326
	Crb5	0.648	0.006
顾客对员工服务质量的积极评价行为(CPAed)	CPAed1	0.026	−0.106
	CPAed2	−0.265	−0.047
	CPAed3	−0.036	−0.224
	CPAed4	−0.194	−0.301
	CPAed5	0.048	−0.264
	CPAed6	−0.315	0.428
	CPAed7	−0.097	−0.203
	CPAed8	0.037	−0.238
顾客对员工服务质量的积极评价行为(CPAned)	CPAned1	0.523	0.122
	CPAned2	0.048	−0.111
	CPAned3	0.024	0.105
	CPAned4	−0.255	0.054
	CPAned5	−0.089	−0.328
	CPAned6	0.078	−0.466
	CPAned7	0.068	−0.212
	CPAned8	−0.188	−0.618

注：对于潜变量顾客对员工服务质量的积极评价行为的测量量表，CPAed 表示该量表适用于教育行业样本，CPAned 表示该量表适用于非教育行业样本。

针对组织内部的角色外行为和努力意向整合模型（理论模型 A）涉及的潜变量有 7 个，包括：顾客对服务员工的关系建设行为、顾客对员工服务质量的积极评价、服务中的成就感、感知尊重、情感性组织承诺、员工努力意向和针对组织内部的角色外行为。下面先对该模型中每一个潜变量的测量量表进行分构念的验证性因子分析(CFA)检验。

依据 Bagozzi 和 Yi(1988)的建议，检验的各项内容和标准主要包括：个别题项的信度(individual item reliability)（要求题项的标准化系数 r>0.7，亦即已被解释变异量 R2>0.5 或误差 ε<0.5）；潜变量的组合信度(composite reliability,CR)（CR 值>0.6）；潜变量的平均方差抽取量(average variance extracted,AVE)（AVE 值>0.5）；所有参数统计量的估计值皆达显著水平（t 值>1.96 或 P<0.05）；标准化残差(standardized residual)的绝对值<2.58；修正指数(modification index)（MI 值<3.84 或 4）。根据修正指数进行模型参数修正时，必须注意不能违反结构方程模式理论的基本假定。

4.6.1.1 个别题项的信度检验

个别题项的信度（要求标准化载荷系数 r>0.7，或误差 ε<0.5）检验可以通过分构念验证性因子分析(confirmatory factor analysis,CFA)来完成。Amos 7.0 软件进行分构念 CFA 时，还会给出每个潜变量的拟合度指标值，这其实表示出了相应潜变量的聚敛效度，在这里也一并呈现：良好的聚敛效度要求各项拟合度指标符合一定标准，如卡方(χ^2)值越接近 0 越好，自由度(df)越大越好，P 值不显著（须大于 0.05），规范卡方值 $\chi^2/df<2$ 或 3，GFI、AGFI、NFI、CFI 都大于 0.9，RMSEA 小于 0.08。

在个别题项信度检验过程中，共删除了"服务工作中的成就感"变量中的题项 4，"被尊重感"变量中的题项 1，"情感性组织承诺"变量中的题项 4，"针对组织内部的角色外行为"变量中的题项 1、2，"顾客对服务员工的关系建设行为"中的题项 1、5，"社会规范"变量中的题项 4。

1. 服务工作中的成就感

潜变量"服务工作中的成就感"有 4 个观测题项。从图 4-1（图中，指向各题项的单向斜箭头上的数字为该题项的标准化负载系数值，各题项对应圆形后的数字为该题项未被解释的变异量，称为误差）可知，观测题项 4（教学/诊治/美容美发工作中,我常常感觉自己像一名胜利者)的标准化载荷系数为 0.61,小于 0.7,其误差为 0.63,大于 0.5,不符合要求,所以,可以将题项 4 删除。另外,从 MI 指数来看,各个题项的残差之间不存在相关问题。删除题项 4 后各项指标均符合要求(图 4-2)。从拟合度指标看,删除题项 4 后得到的修正模型卡方值降为 0,其他各拟合度指标也总体上较之修正前的原模型有一定程度改善(表 4-6)。因此,服务工作中的成就感变量通过检验。

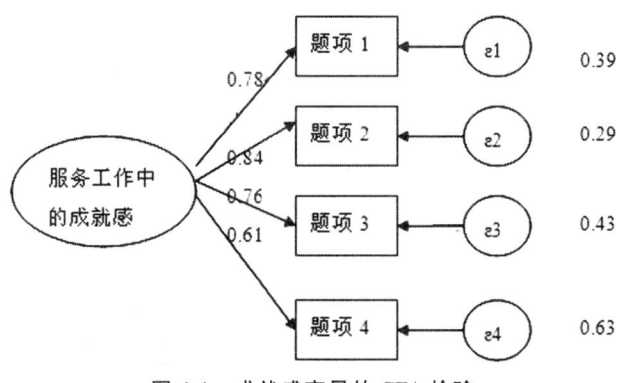

图 4-1 成就感变量的 CFA 检验

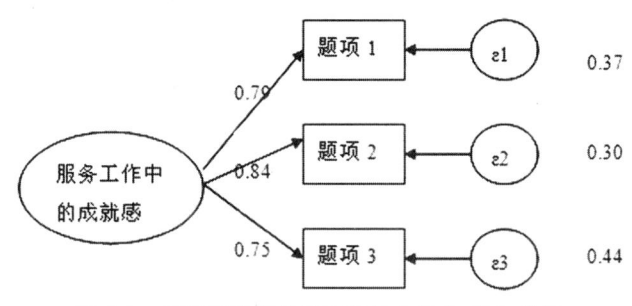

图 4-2 修正后的成就感变量的分构念 CFA 检验

表 4-6 成就感变量修正前后的拟合度检验结果

	χ^2	df	P 值	χ^2/df	GFI	AGFI	NFI	CFI	RMSEA
原模型	4.727	2	0.094	2.363	0.994	0.972	0.993	0.996	0.057
修改后模型	0.000	0	—	—	1.000	—	1.000	1.000	—

2.被尊重感

从图 4-3 可知,观测题项 1(和学生/患者/顾客在一起时,我可以表现出真实的自我)的标准化载荷系数为 0.55,小于 0.7,其已被解释变异 R^2 为 0.30,小于 0.5,不符合要求,所以,可以将题项 2 删除。观测题项 4 的标准化载荷系数为 0.68,非常接近 0.7,故暂且将之保留。

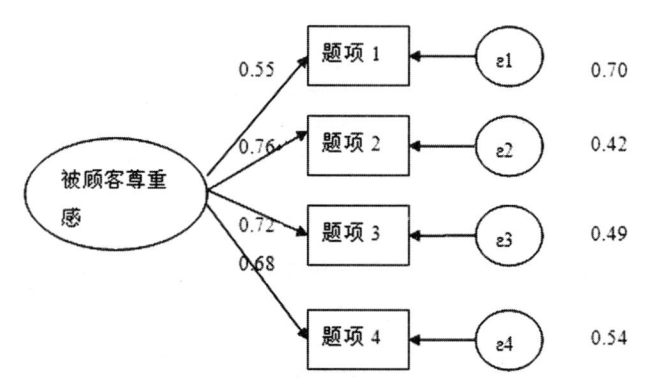

图 4-3 被尊重感变量的分构念 CFA 检验

删除题项 1 后的测量模型(即修正模型)如图 4-4 所示,剩余的题项 2 和 3 的指标均符合要求,题项 4 的标准化载荷系数为 0.66 也接近 0.7,故勉强将之保留。

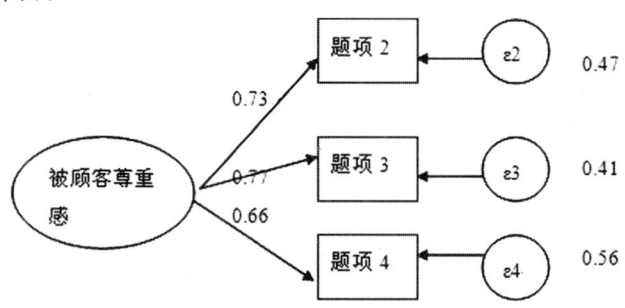

图 4-4 修正后的被尊重感变量的分构念 CFA 检验

另外,从 MI 指数来看,各个题项的残差之间不存在残差相关问题。从拟合度指标看,修正后的模型卡方值降为 0,其他指标也总体上较之修正前的模型有一定程度的改善(表 4-7)。

3.情感性组织承诺

潜变量情感性组织承诺包含 8 个观察题项。如图 4-5,观测题项 4(我很关心自己单位的命运)的标准化载荷系数为 0.59,小于 0.7,其已被解释变异 R^2 为 0.35,小于 0.5,不符合要求,所以,可以将题项 4 删除。

表 4-7　被尊重感变量修正前与修正后的拟合度指标

	χ^2	df	P 值	χ^2/df	GFI	AGFI	NFI	CFI	RMSEA
原模型	13.204	2	0.001	6.602	0.985	0.927	0.969	0.973	0.116
修改后模型	0.000	0	—	—	1.000	—	1.000	1.000	—

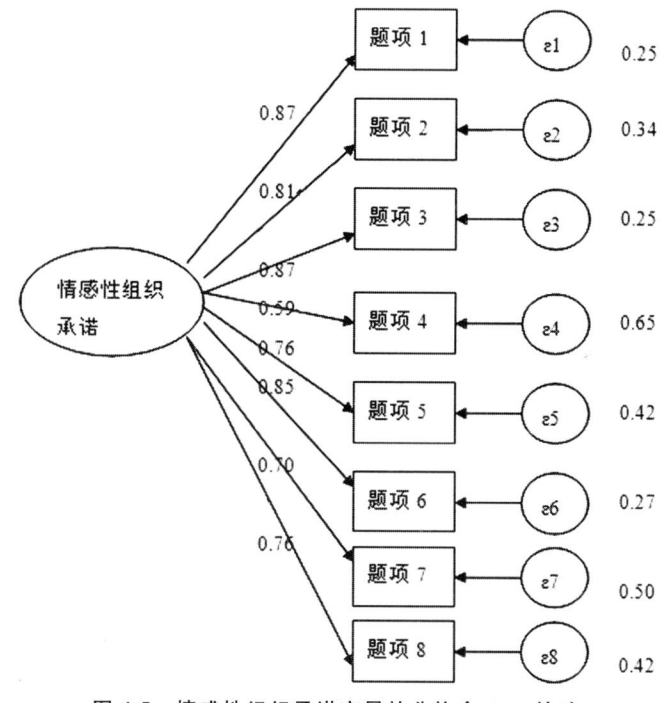

图 4-5　情感性组织承诺变量的分构念 CFA 检验

删除题项 4 后的测量模型(称为修正模型 1)如图 4-6 所示,剩余所有题项的因子负载数值介于 0.71～0.87,误差项介于 0.23～0.50,均符合信度要求。但是根据拟合度指标来讲,修正模型 1 的卡方值(χ^2)较大,为 194.589;P 值为 0,达到显著水平;规范卡方比(χ^2/df)数值为 13.899,远大于 2,其他指标也不尽理想,表明修正模型 1 仍有较大改善余地(见表 4-8 "修正模型 1"对应行中数字)。

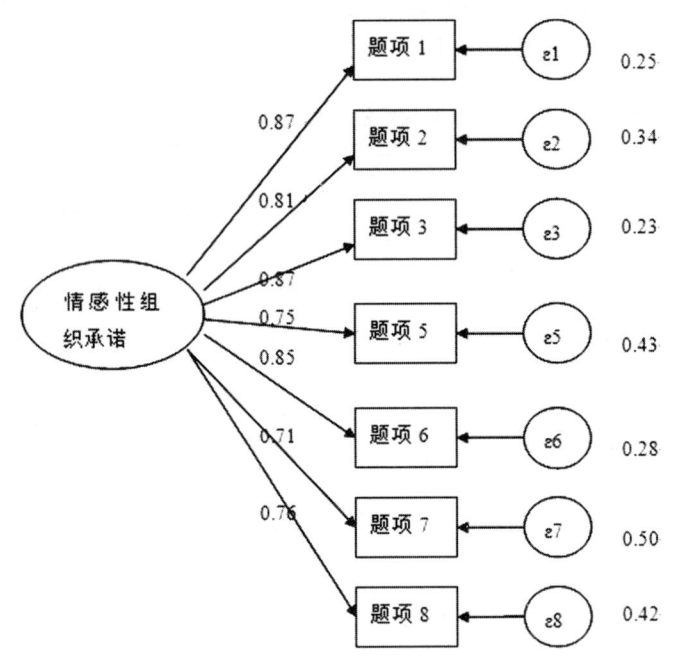

图 4-6 第一次修正后情感性组织承诺变量的分构念 CFA 检验

另外,从 MI 指数来看,若干题项存在潜在的残差相关问题,即存在若干 MI>4 的情形。由于结构方程模型理论允许潜变量内部各测量指标(即题项)的测量残差之间存在相关关系,于是根据每次修正模型中 MI 值和估计参数改变数值由大至小的顺序,逐步进行残差联接。具体而言:在修正模型 1 中,发现题项 7 的残差 ε7 和题项 8 的残差 ε8 存在明显的相关,二者间的 MI 数值最大(为 94.496),于是首先对 ε7 和 ε8 进行了连接(产生修正模型 2),结果二者之间的残差相关系数为 0.50(图 4-7)。考察修正模型 2,其 P 值仍为 0,其他各项拟合指标仍然不太理想;从该模型的 MI 数值来看,发现题项 1 的残差 ε1 和题项 2 的残差 ε2 之间存在明显残差相关问题(二者间的 MI 数值最大,为 10.251),于是又对 ε1 和 ε2 加以连接(产生修正模型 3),二者间的残差相关系数为 0.23。考察修正模型 3,其各项指标仍有待改进。

按照同样方法,接着又进行了四次修正,即先后对 ε2 和 ε3,ε1 和 ε3,ε3 和 ε8,以及 ε2 和 ε5 进行连接,最终各残差相关系数分别为 0.42,0.40,0.12 和 0.11(图 4-8)。最终得到修正模型 7。从拟合度指标看,最终的修正模型 7 的 χ^2 降为 11.800;P 值为 0.16,不再显著;χ^2/df 为 1.475,小于 2;RMSEA 降低到 0.034,其他拟合指标也都大于 0.9,这表明最终的修正模型 7

具有良好的聚敛效度(表 4-8)。

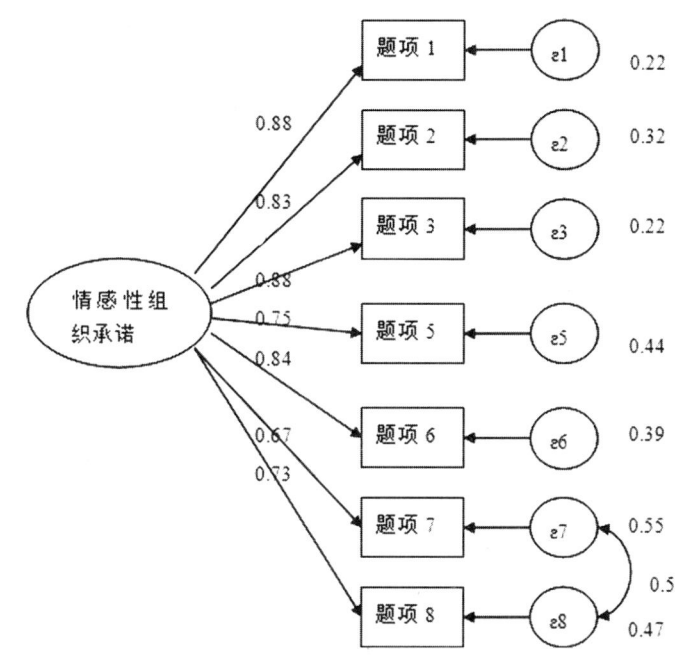

图 4-7　第二次修正后情感性组织承诺变量的分构念 CFA 检验

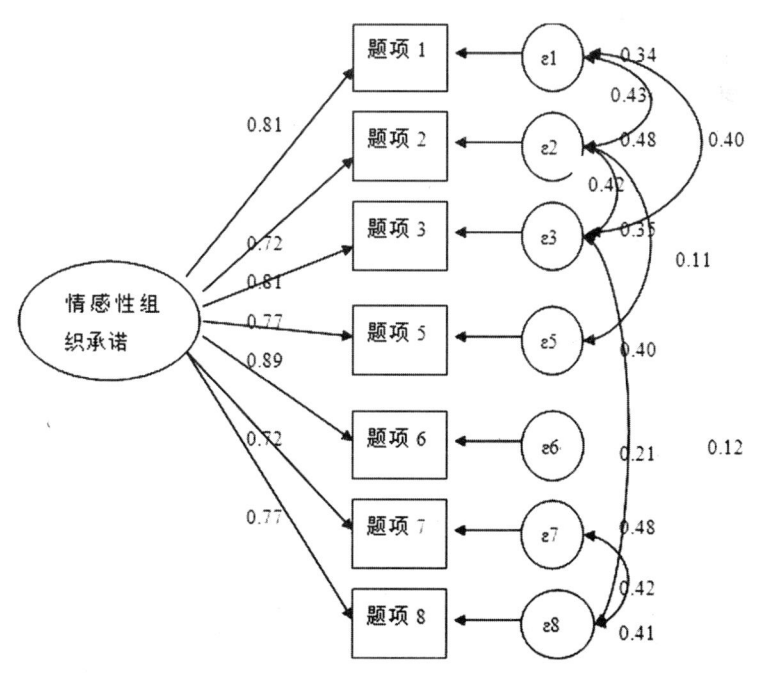

图 4-8　最终修正后情感性组织承诺变量的分构念 CFA 检验

表 4-8　情感性组织承诺变量修正前与修正后的拟合度指标

	χ^2	df	P 值	χ^2/df	GFI	AGFI	NFI	CFI	RMSEA
原模型	225.175	20	0.000	11.259	0.866	0.758	0.906	0.914	0.157
修正模型 1	194.589	14	0.000	13.899	0.863	0.727	0.912	0.917	0.176
修正模型 2	90.053	13	0.000	6.927	0.935	0.860	0.959	0.965	0.120
修正模型 3	76.590	12	0.000	6.382	0.947	0.877	0.965	0.970	0.114
修正模型 4	60.644	11	0.000	5.513	0.959	0.895	0.973	0.977	0.104
修正模型 5	25.179	10	0.005	2.518	0.984	0.954	0.989	0.993	0.060
修正模型 6	16.944	9	0.050	1.883	0.989	0.966	0.992	0.996	0.046
修正模型 7	11.800	8	0.160	1.475	0.992	0.972	0.995	0.998	0.034

4. 努力意向

潜在变量"努力意向"有 5 个观测题项；图 4-9 表明，各观测题项的因子负载数值介于 0.77~0.90，误差项介于 0.23~0.41，符合信度要求。

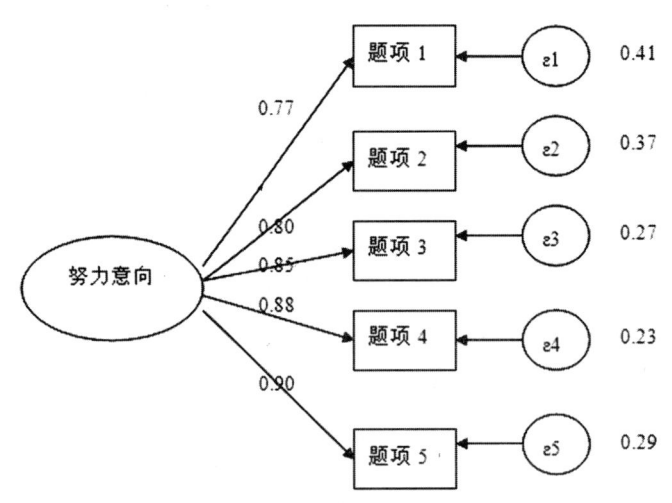

图 4-9　努力意向的分构念 CFA 检验

但是根据拟合度指标来讲，原测量模型的卡方值(χ^2)较大，为 69.810；卡方的 P 值为 0，达到显著水平；规范卡方比(χ^2/df)数值为 13.962，远大于 2，其他指标也不尽理想，表明该模型仍有较大改进空间(表 4-9"原模型"行中数字)。

表 4-9　努力意向变量修正前与修正后的拟合度指标

	χ^2	df	P 值	χ^2/df	GFI	AGFI	NFI	CFI	RMSEA
原模型	69.810	5	0.000	13.962	0.933	0.799	0.956	0.959	0.177
修正模型 1	29.558	4	0.000	7.390	0.972	0.895	0.981	0.984	0.124
修正模型 2	15.828	3	0.001	5.276	0.984	0.921	0.990	0.992	0.102
修正模型 3	10.165	2	0.006	5.083	0.990	0.927	0.994	0.995	0.099
修正模型 4	0.005	1	0.944	0.005	1.000	1.000	1.000	1.000	0.000

还有,从 MI 指数来看,若干题项存在潜在的残差相关问题,需要逐步进行残差联接。具体而言:在原测量模型中,发现题项 1 的残差 ε1 和题项 2 的残差 ε2 存在明显的相关,二者间的 MI 数值最大(为 36.210),估计参数改变值为 0.135。于是首先对 ε1 和 ε2 进行了连接(产生修正模型 1),结果二者之间的残差相关系数为 0.34。考察修正模型 1,其 P 值仍为 0,其他各项拟合指标仍然不太理想;从修正模型 1 的 MI 数值来看,发现题项 2 残差 ε2 和题项 4 的残差 ε4 之间存在明显残差相关问题(二者间的 MI 数值最大,为 9.882),于是又对 ε2 和 ε4 加以连接(产生修正模型 2),二者间的残差相关系数为 −0.26。考察修正模型 2,其各项指标仍有待改进。

按照同样方法,接着又进行了两次修正,即先后对 ε1 和 ε3(MI 为 5.034,估计参数改变数值为 0.045),以及 ε2 和 ε3(MI 为 4.613,估计参数改变数值为 0.043)进行连接,各残差相关系数分别为 0.13 和 0.22。最终得到修正模型 4(图 4-10)。从拟合度指标看,最终的修正模型 4 的卡方值

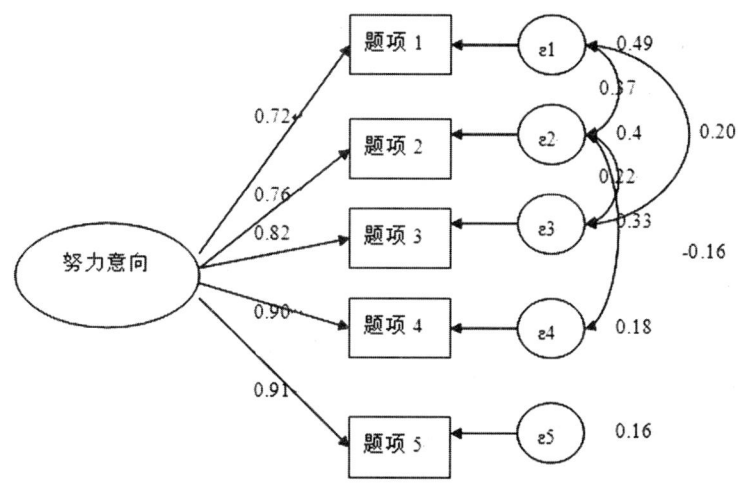

图 4-10　第四次修正后努力意向的分构念 CFA 检验

(χ^2)降为 0.005;P 值为 0.944,不再显著;χ^2/df 为 0.005,小于 2;RMSEA 降低到 0,其他拟合指标都达到 1,这表明最终的修正模型 4 具有良好的聚敛效度(表 4-9)。

5. 针对组织内部的角色外行为

潜在变量"针对组织内部的角色外行为"有 5 个观测题项。图 4-11 表明,观测题项 1 和 2 的因子负载数值分别为 0.62 和 0.66,二者的误差项分别为 0.61 和 0.57,均不符合信度要求,因此可以考虑删除这两个题项;该模型的拟合度指标也不太理想(表 4-10 中原模型行中数字)。

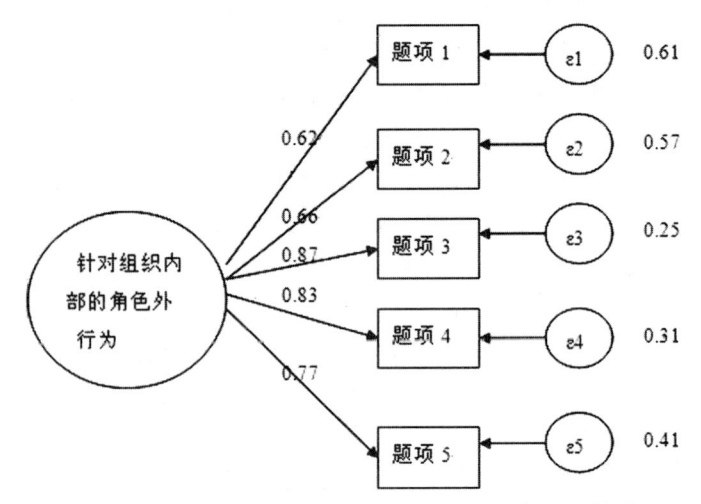

图 4-11　针对组织内部的角色外行为的分构念 CFA 检验

表 4-10　针对组织内部的角色外行为变量修正前与修正后的拟合度指标

	χ^2	df	P 值	χ^2/df	GFI	AGFI	NFI	CFI	RMSEA
原模型	25.520	5	0.000	5.104	0.977	0.932	0.974	0.979	0.099
修正模型 1	11.377	2	0.003	5.689	0.986	0.932	0.986	0.988	0.106
修正模型 2	0.000	0	—	—	1.000	—	1.000	1.000	—

删除题项 1(在所在学院或系、所/医院科室/美容美发单位里,我经常做一些没有被明确要求做的工作)之后得到修正模型 1,虽然其卡方的 P 值由 0 提升至 0.003,但依旧达到显著水平;规范卡方比(χ^2/df)数值为 5.689,大于 2,表明仍需改进(图 4-12)。

进一步删除题项 2(我寻找各种办法来提高自己的工作成效)之后得到

修正模型 2,该修正模型中,各因子负载介于 0.76~0.88,误差数值介于 0.23~0.43,符合信度要求;其拟合度指标均得以改善,表明具有良好的聚敛效度(图 4-13)。MI 指标显示各题项不存在误差相关现象。

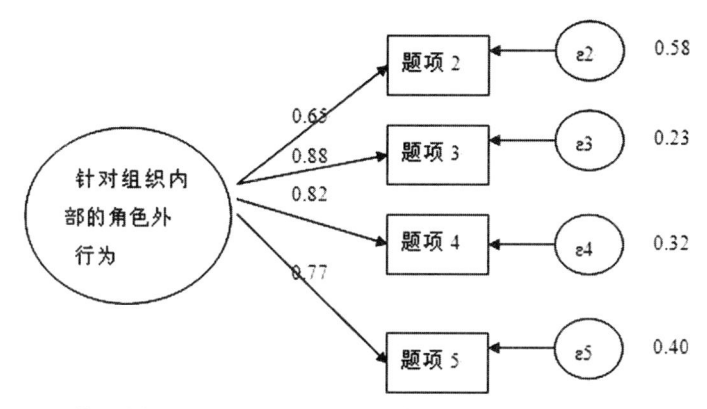

图 4-12 第一次修正后针对组织内部的角色外行为变量的分构念 CFA 检验

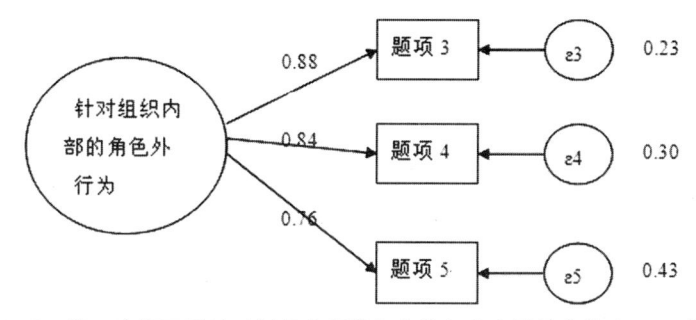

图 4-13 第二次修正后针对组织内部的角色外行为变量的分构念 CFA 检验

6.顾客对服务员工的关系建设行为

潜在变量"顾客对服务员工的关系建设行为"有 5 个观测题项。图 4-14 表明,观测题项 1[我对我的这位老师/主治医生/美容(美发)师报以微笑或加以奉承]的因子负载数值为 0.64,误差为 0.59,以及观测题项 5[我主动与我的这位老师/主治医生/美容(美发)师一起分享人生故事]的因子负载数值为 0.60,误差为 0.64,不符合信度要求,因此可以考虑予以删除。从其测量模型拟合度指标来看(表 4-11 中原模型行中数字),卡方的 P 值为 0,达到显著水平;规范卡方比(χ^2/df)数值为 5.351,大于 2;RMSEA 数值为 0.102,大于 0.08,皆需进行较大改进。

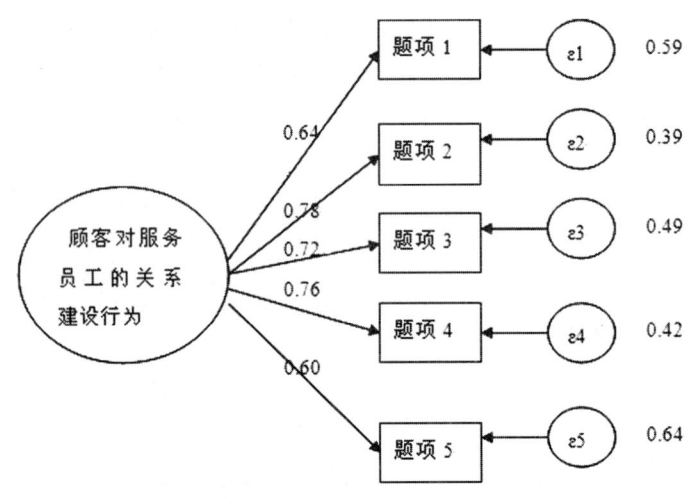

图 4-14　顾客对服务员工的关系建设行为变量的分构念 CFA 检验

表 4-11　顾客对服务员工的关系建设行为变量修正前与修正后的拟合度指标

	χ^2	df	P 值	χ^2/df	GFI	AGFI	NFI	CFI	RMSEA
原模型	26.753	5	0.000	5.351	0.975	0.924	0.963	0.969	0.102
修正模型 1	2.764	2	0.251	1.382	0.997	0.984	0.995	0.999	0.030
修正模型 2	0.000	0	—	—	1.000	—	1.000	1.000	—

删除题项 5 之后得到修正模型 1，根据图 4-15，题项 1 的因子负载数值为 0.65，误差为 0.57，仍需要改进。不过，从该模型的拟合度指标来看，卡方的 P 值为 0.251，改进为不显著；规范卡方比（χ^2/df）数值为 1.382，小于 2；RMSEA 数值为 0.03，小于 0.08，说明有较明显改进（表 4-11）。

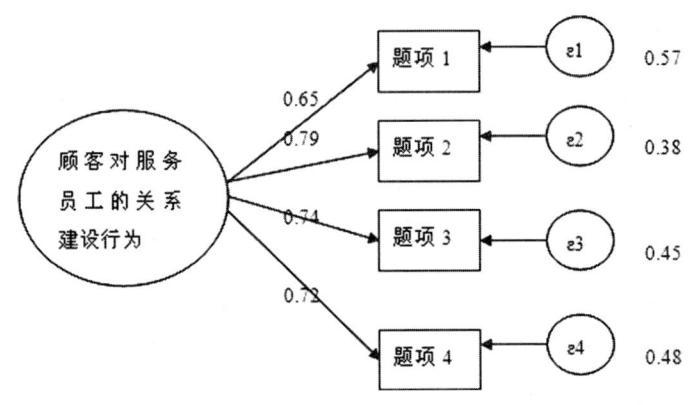

图 4-15　第一次修正后顾客对服务员工的关系建设行为变量的分构念 CFA 检验

继续删除题项 1 之后得到修正模型 2,图 4-16 表明各观测题项的因子负载数值介于 0.73~0.78,误差项介于 0.40~0.46,都符合信度要求;该模型的拟合度指标也较修正模型 1 有进一步的改进,表明具有良好的聚敛效度。MI 指标显示各题项不存在误差相关现象。

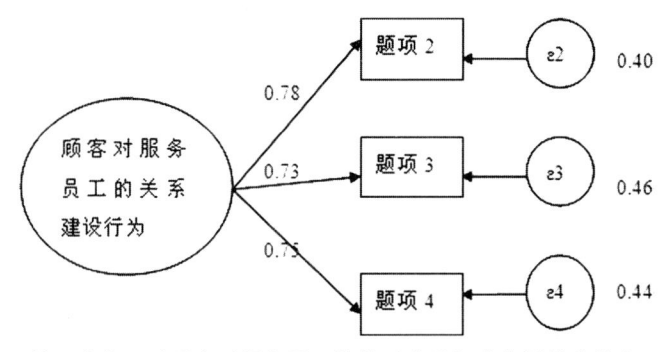

图 4-16　第二次修正后顾客对服务员工的关系建设行为变量的分构念 CFA 检验

7. 顾客对员工服务质量的积极评价行为

对于潜变量"顾客对员工服务质量的积极评价行为"而言,教育行业样本(即学生样本)与非教育行业样本(即非学生样本,包括患者、美容和美发消费者)问卷中各有一套测量题项(分别有 8 个和 7 个测量题项),其中的具体评价内容因行业区别而不同,尽管如此,这两套测量题项所反映的抽象概念的含义是相同的,二者都反映了相应服务行业中的被服务者(学生或其他消费者)对为其提供服务的员工的服务质量进行积极评价行为的频繁程度,用统计语言讲,二者所反映的是同样一个公共因子,即"顾客对员工服务质量的积极评价行为"。结合因子分析相关理论,因子分析具有数据约减的作用,可以在提取出公共因子后,用因子的值来代替原来的一组观测变量进行统计运算(Hair 等,1998),这就为解决同一个潜变量因样本差异而具有两个测量量表的问题提供了途径,本研究即循此方法而行。

所以,本研究先使用 SPSS11.5 软件中的因子分析技术,用主成分分析法进行因子提取,保留特征根大于 1 的主成分,通过最大方差法进行因子旋转后的结果是:从学生样本数据中只提取了一个公共因子,该因子解释了总变异的 70.814%,从非学生样本数据中也只得到了一个公共因子,该因子解释了总变异量的 66.098%(表 4-4);计算并保留这两个公共因子各自的因子值,然后把两组因子值按先后顺序(与其他潜变量测量题项得分的排列顺序相同,具体讲,就是教育行业样本的测量题项得分之后是非教育行业样本的测量题项得分)连接在一起,这样就得到一组可以代表学生与非学生(即患者、美容美发顾客)样本数据的"连合因子值"。也就是说,本研究利用这一组"连合因子值"来代表学生、患者、美发美容消费者样本在"顾客对员工服务质量的积极评价行为"量表上的得分。

4.6.1.2 理论模型 A 对应的测量模型的信度、效度与拟合度检验

在对模型中的每个构念(即潜变量)逐一进行 CFA 检验以后,接下来作者对整个测量模型的信度、效度以及拟合度加以检验。

1. 理论模型 A 对应的测量模型的信度检验

理论模型 A 所对应的整个测量模型的信度检验,要求各个潜变量的组成信度(CR)皆大于 0.6,各 CR 值越大表示信度越好(Bagozzi 和 Yi,1988)。

另外,因为标准化系数都小于 0.95,标准误差都不太大,也没有负的误差项方差存在,所以说,不存在违犯估计问题(Hair 等,1998)。

2. 理论模型 A 对应的测量模型效度检验

效度检验主要针对聚敛效度和区别效度进行检验。

聚敛效度以两种方式衡量:第一,以潜变量的平均方差抽取量(AVE)来衡量,表示潜变量对各题项的变异解释能力,AVE 值越大表示聚敛效度越高(Bagozzi,1988;Bagozzi,1981)。表 4 12 结果显示,所有 7 个潜变量的 AVE 值介于 0.52 和 0.68 之间,均超过 0.5,表示理论模型 A 对应测量模型具有较好的聚敛效度。第二,通过各潜变量测量模型的拟合度指标来衡量,主要的拟合度指标有:各潜变量的测量模型的卡方值尽可能接近 0,P 值不显著,自由度尽可能大,规范卡方比小于 2 或 3,拟合优度指数 GFI、调整拟合优度指数 AGFI、规范拟合指数 NFI、比较拟合指数 CFI 值都大于 0.9,近似的均方根误差 RMSEA 值小于 0.08。结合表 4-6 到表 4-11 中最终修正模型的各项数值来看,说明各潜变量的测量模型具有较好的拟合度,故也表明整体测量模型聚敛效度较好。

表 4-12 理论模型 A 对应的测量模型验证性因子分析结果

潜变量	题项	标准化负载系数	t 值	标准误差(SE)	已解释因子变异(R^2)	测量误差(ε)	组成信度(CR)	平均方差抽取量(AVE)
成就感(SOA)	Soa1	0.79			0.63	0.37	0.84	0.63
	Soa2	0.84	15.14	0.067	0.70	0.30		
	Soa3	0.75	14.53	0.060	0.56	0.44		

续表

潜变量	题项	标准化负载系数	t 值	标准误(SE)	已解释因子变异(R^2)	测量误差(ε)	组成信度(CR)	平均方差抽取量(AVE)
被尊重感(FR)	FR2	0.73			0.53	0.47	0.76	0.52
	FR3	0.77	10.63	0.100	0.59	0.41		
	FR4	0.66	10.53	0.090	0.43	0.57		
情感性组织承诺(AOC)	AOC1	0.81			0.66	0.34	0.92	0.62
	AOC2	0.72	20.60	0.045	0.52	0.48		
	AOC3	0.81	23.69	0.047	0.65	0.35		
	AOC5	0.77	17.20	0.054	0.60	0.40		
	AOC6	0.89	20.34	0.059	0.79	0.21		
	AOC7	0.72	15.69	0.061	0.52	0.48		
	AOC8	0.77	16.94	0.061	0.59	0.41		
努力意向(EI)	Ei1	0.72			0.51	0.49	0.91	0.68
	Ei2	0.76	18.69	0.062	0.55	0.42		
	Ei3	0.82	17.97	0.070	0.67	0.33		
	Ei4	0.90	17.40	0.076	0.80	0.18		
	Ei5	0.91	17.68	0.082	0.85	0.16		
针对组织内部的角色外行为(ER-BO)	Erbo3	0.88			0.77	0.23	0.86	0.68
	Erbo4	0.84	18.15	0.053	0.70	0.30		
	Erbo5	0.76	16.71	0.055	0.57	0.43		
顾客针对服务员工的关系建设行为(CRB)	Crb2	0.78			0.60	0.40	0.80	0.57
	Crb3	0.73	12.35	0.069	0.54	0.46		
	Crb4	0.75	12.39	0.080	0.56	0.44		

注：$CR = (\sum 标准化负载系数)^2 / \{(\sum 标准化负载系数)^2 + \sum \varepsilon_j\}$，$AVE = \sum (标准化负载系数)^2 / \{\sum (标准化负载系数)^2 + \sum \varepsilon_j\}$，其中，$\varepsilon_j$ 是第 j 项的误差。

区别效度用以下方式衡量：对于任意两个潜变量，在单群组中设立两个模型（称二者为嵌套模型，nested models），其中一个为未限制模型（每两个潜变量之间的共变关系不加限制），另一个为限制模型（每两个潜变量之间的共变关系限制为1),然后比较这两个模型的卡方值,卡方值之间的差异量较大且达到显著水平(一般要求P<0.05)表明两个模型之间存在显著不同,此时未限制模型卡方值越小,意味着两个潜变量间相关性越低,则表示区别效度较好(Bagozzi和Phillips,1982)。

例如:首先,把"情感性组织承诺""顾客对员工服务质量的积极评价行为"这两个潜变量设立为共变关系(图4-17,图4-18),对由此组成的"情感性组织承诺——积极评价行为"共变关系模型的未限制模型进行参数估计,Amos 7.0软件运算结果显示,未限制模型的卡方值为23.123,自由度为14;限制模型的卡方值为123.943,自由度为15。嵌套模型比较结果表明:这两个模型(即限制与未限制模型)自由度相差为1,卡方值差异量为100.821,且P=0.000,表明这两个潜变量区别效度好。类似地,作者构造了其他潜变量两两之间的共变关系模型,并查看共变关系限制模型与未限制模型之间的卡方值差异量,结果表明所有卡方值的差异量都是显著的(表4-13),说明潜变量相互之间的区别效度都较好。由此可知,各个潜在变量具有较好的区别效度。

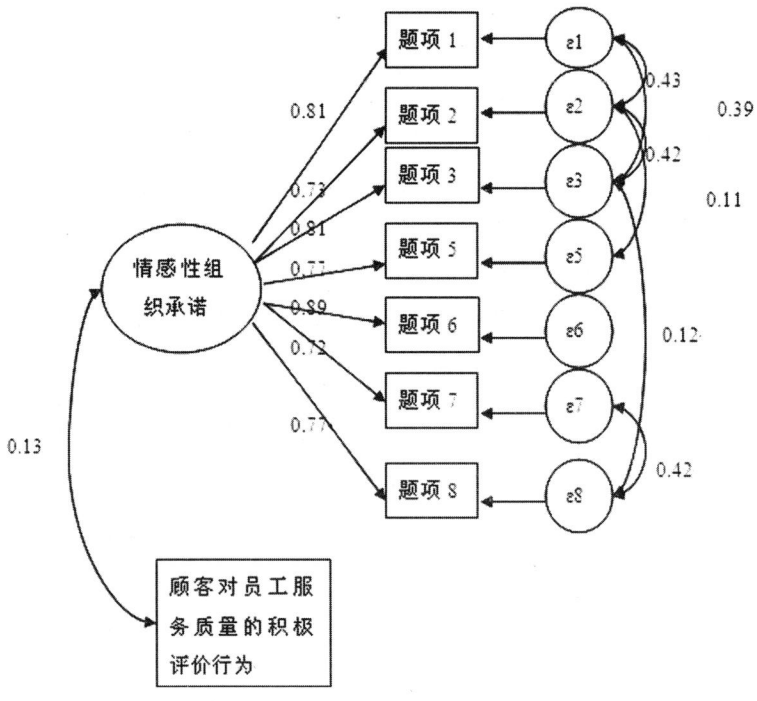

图4-17 潜变量情感性组织承诺与顾客积极评价行为的
共变关系模型(共变参数未限制)

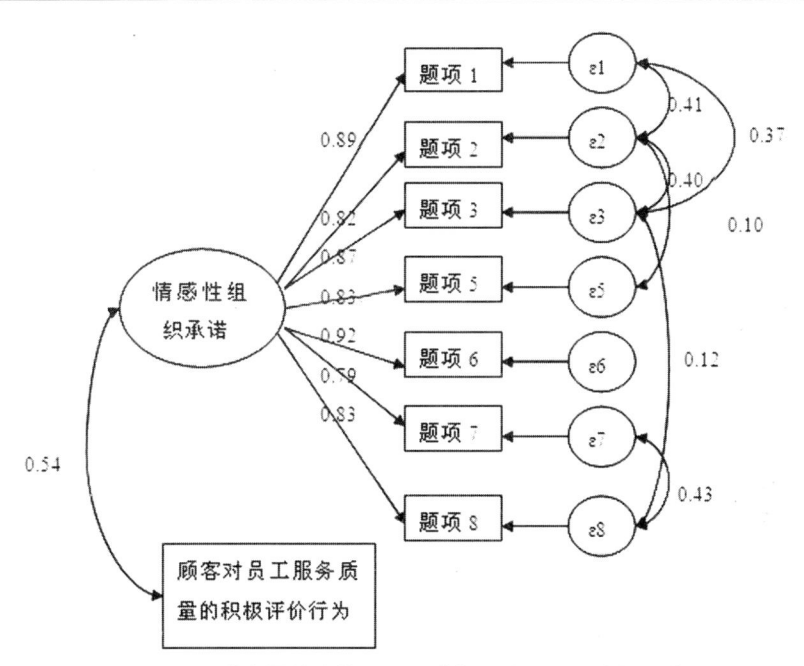

图 4-18 潜变量情感性组织承诺与顾客积极评价行为的
共变关系模型(共变参数限制为1)

表 4-13 理论模型 A 对应的测量模型中潜变量间区别效度检验

潜变量	成就感	被尊重感	情感性组织承诺	努力意向	针对组织内部的角色外行为	顾客针对服务员工的关系建设行为
被尊重感	64.639**					
情感性组织承诺	28.844**	55.024**				
努力意向	65.353**	112.230**	50.544**			
针对组织内部的角色外行为	40.674**	47.350**	21.047**	73.570**		
顾客针对服务员工的关系建设行为	90.045**	142.231**	110.414**	194.736**	97.534**	
顾客对员工服务质量的积极评价行为	74.259**	119.997**	100.821**	156.533**	68.547**	30.360**

**表示 P<0.001。

3.理论模型 A 对应的测量模型的拟合度检验

对由理论模型 A 所涉及的 7 个潜变量所构成的整体测量模型进行拟合度检验时,除了卡方值之外,还包括其他三组指标,即绝对拟合指标、增量拟合指标和简效拟合指标(Hair 等,1998)。拟合度检验结果表明,除了卡方的显著性水平指数 P=0.000 外,其他各项指标都基本符合要求(见表4-14 原模型中数值),但仍说明整体测量模型尚有改善空间。

经过对变量间的残差相关问题进行考察,共有 14 组残差间的 MI 指数大于 4;但由于外因潜在变量的测量指标的残差不能够同内因潜在变量的测量指标的残差相关,否则违背了结构方程模型的基本假定,因此须把这些测量指标残差之间的 MI 排除在进行协同因子连接的考虑之外。这样,还剩余 6 组残差间存在相关问题。两个测量指标残差之间的修正指数 MI 较大(>4),往往是由于存在共同误差来源,根据修正指数 MI 进行残差连接时,最好结合估计参数的改变值(expected parameter change,EPC)以及要具有合理的理由、解释。

传统回归分析中独立变量都是没有误差的观察变量,而探索性因子分析则假定其测量指标之间的残差不相关,而结构方程模型优于传统的回归分析和探索性因子分析的一点,正是由于结构方程模型允许测量指标的残差之间存在相关,因而更符合实际情况(黄芳铭,2005)。本文下面将要进行的修正并不是增减潜变量,或增减或改变潜变量之间的路径关系,因而并不是对已经构建的理论模型的动摇,仅为了改善测量模型的拟合度,以便为下一步的结构模型分析奠定基础。下面分析剩余 6 组残差相关问题。

测量指标"教学/诊治/美容/美发工作中,我经常因取得成绩而感觉自己很棒"的残差 $\varepsilon 5$ 与测量指标"我很高兴在当初参加工作时,我选择了现在这个单位而不是其他"的测量残差 $\varepsilon 22$ 的 MI 指数为 9.064,估计参数改变值 EPC 为 0.110,这可以理解为这两个测量指标虽然主要分别受潜变量成就感和情感性组织承诺的影响,此两个测量指标还在一定程度上共同受服务员工个人技能与组织的要求相匹配的影响,因此二者的残差相关可以理解,故首先把这两个残差连接起来,得到的残差相关系数为 0.22,得到改进模型 1,并对改进后的模型做拟合度检验,其拟合度有一定的改善(见表 4-14 中改进模型 1 所在行的各项指标值)。再考察改进模型 1 的残差相关问题,发现测量指标"我经常因为教学/诊治/美容/美发工作中的成绩而感觉很开心"的测量残差 $\varepsilon 6$ 与测量指标"在学习/治疗/美容/美发过程中,学生/患者/顾客很在意我的观点、看法"的残差 $\varepsilon 7$ 之间的 MI 指数为 7.397,EPC 为 0.097,这可以理解为这两个测量指标还在一定程度上受服务员工自我监控水平的影响,于是对此两个残差做协同因子连接,残差相关系数为 0.18,得到改进模型 2。继续考察新产生的改进模型的 MI 指数,先后发现:测量指标"我经常因为教学/诊治/美容/美发工作中的成绩而感觉很开心"的测量残差 ε6 与测量指标"学习/诊断和治疗/美容/美发过程中,学生/患者/顾客会向我寻求建议"的残差 ε8 之间的 MI 指数为 8.865,EPC 为 0.105,这可以理解为此两个测量指标还在一定程度上受服务员工博学多才的影响,故进行对应残差之间的连接,残差相关系数为 0.22;测量指标"我(顾客)使用善意的语言与这位老师/主治医生/美容师/美发师进行谈话交流"的残差 ε2 与测量指标"我现在的单位最大程度地唤起了我潜在的工作能力"的残差 ε24 的 MI 指数为 7.134,EPC 为 -0.088,这可以理解为这两个指标还在一定程度上共同受服务员工与顾客之间关系亲近的影响,故连接两者残差,残差相关系数为 -0.14;测量指标"在学习/治疗/美容/美发过程中,学生/顾客很在意我的观点、看法"的残差 ε7 与测量指标"我会很自豪地告诉别人,我是所在学院/医院/美容/美发机构中的一员"的残差 ε19 的 MI 指数为 5.586,EPC 为 -0.080,这可以理解为该两个指标在一定程度上还受所从事的工作比较重要或有意义的影响,故进行残差连接,残差相关系数为 -0.12;测量指标"为了在将来的工作中取得成功,我将会尽最大努力去奋斗"的测量残差 ε13 与测量指标"我鼓励同事们在工作时采用更有效的新方法"的测量残差 ε17 之间的 MI 指数为 4.946,EPC 为 0.060,预示着这两个测量残差是相关的,这也有理由解释:这两个测量指标可能还在一定程度上共同受到单位重视个人的职业生涯发展的影响,故对此两个残差做连接,残差相关系数为 0.14。又经过逐步对这四组残差项做协同因子连接,最终得到改进模型 3,其拟合度指标又有一定的改善(表 4-14 改进模型 3 所在行的各项指标值)。而进一步对改进模型 3 的残差相关现象做考察,结果发现没有其他大于 4 的 MI 指数存在。至此,改进模型 3 整体通过拟合度检验。

表 4-14 理论模型 A 对应的测量模型拟合度检验

	χ^2	df	P 值	χ^2/df	GFI	AGFI	NFI	CFI	RMSEA
原模型	517.717	249	0.000	2.079	0.910	0.882	0.922	0.958	0.051
改进模型 1	508.307	248	0.000	2.052	0.911	0.884	0.923	0.959	0.050
改进模型 2	500.430	247	0.000	2.026	0.912	0.885	0.925	0.960	0.050
改进模型 3	471.994	243	0.000	1.942	0.917	0.889	0.929	0.964	0.048

4.6.2 针对顾客的角色外行为整合模型的测量模型分析

理论模型 B 涉及顾客对员工服务质量的积极评价(CPA)、顾客对员工的关系建设行为(CRB)、服务中的成就感(SOA)、感知尊重(FR)、情感性组织承诺(AOC)、社会规范(SN)和针对顾客的角色外行为(ERBC)共计 7 个潜在变量。鉴于其他 5 个潜变量的相关检验已经在 4.6.1 小节进行,所以此处只对两个新引入的变量,即对"社会规范"和"针对顾客的角色外行为"做检验。

利用 Amos 7.0 软件进行测量模型的验证性因子分析的时候,因为使用默认的极大似然法(Maximum Likelihood,ML)来估计参数,因此,需要首先对数据是否符合多变量正态分布之假定进行检验。检验结果表明(表4-15),被检验的两个观测变项的偏度系数绝对值介于 0.004~0.415 之间,均小于 3,峰度系数绝对值介于 0.154~0.768 之间,均小于 10,可以说数据基本上都符合正态分布(黄芳铭,2005)。

表 4-15 多变量正态分布假定检验

潜变量	题项	偏态系数(skewness)	峰度系数(kurtosis)
针对顾客的角色外行为(ERBC)	Erbc1	0.415	−0.661
	Erbc2	0.006	−0.478
	Erbc3	−0.202	−0.478
	Erbc4	0.004	−0.768
社会规范(SN)	Sn1	0.088	0.184
	Sn2	0.045	−0.340
	Sn3	−0.045	−0.165
	Sn4	−0.289	0.154

下面对该模型中每一个潜变量的测量量表进行分构念的 CFA 检验。

4.6.2.1 个别题项的信度检验

1. 针对顾客的角色外行为

潜变量"针对顾客的角色外行为"有 4 个观测题项。图 4-19 表明,观测题项 1[在教学/诊治/美容(美发)服务过程中,我的表现超出了职责范围]

的因子负载数值为 0.66,误差为 0.57,不符合信度要求,因此可以考虑予以删除。从该潜变量的拟合度指标来看(表 4-16 中原模型行对应数字),卡方的 P 值为 0.005,达到显著水平;规范卡方比(χ^2/df)数值为 5.362,大于 2,说明仍有改善空间。

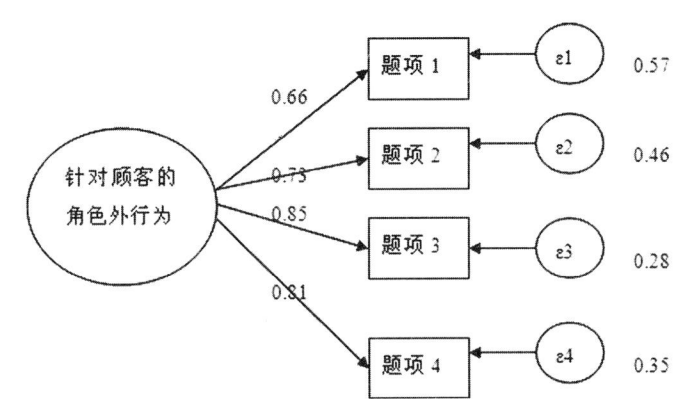

图 4-19 针对顾客的角色外行为变量的分构念 CFA 检验

表 4-16 针对顾客的角色外行为变量修正前与修正后的拟合度指标

	χ^2	df	P 值	χ^2/df	GFI	AGFI	NFI	CFI	RMSEA
原模型	10.724	2	0.005	5.362	0.988	0.936	0.985	0.987	0.103
修正模型 1	0.629	1	0.428	0.629	0.999	0.992	0.999	1.000	0.000

另外,从 MI 数值看,题项 1 和题项 2 存在残差相关问题,其 MI 数值为 7.582,估计参数改变数值为 -0.142。于是对两个题项各自的误差 ε1 和 ε2 加以连接(产生修正模型 1),结果二者的误差相关系数为 -0.21。从修正模型 1 的拟合度数值看(表 4-16),各项拟合指标均有较大改善,符合标准。同样,从图 4-20 可知,题项 1 的因子负载数值也提高至 0.69,非常接近 0.7,误差降低至 0.53,非常接近 0.5,基本符合标准,因此本研究勉强保留了题项 1,而不予删除。

2. 社会规范

潜在变量"社会规范"有 4 个观测题项。图 4-21 表明,观测题项 1(我所在单位里大多数人都有上述所列四种行为)的因子负载数值为 0.62,误差为 0.61;观测题项 4(新闻报道流行读物大众媒体和专家观点等都对上述所列四种行为持正面态度)因子负载数值为 0.59,误差为 0.65,不符合信度要求,因此可以考虑予以删除。从该潜变量的拟合度指标来看(表 4-17 原模型行中数字),规范卡方比(χ^2/df)数值为 2.747,略大于 2,说明尚有一定改善空间。

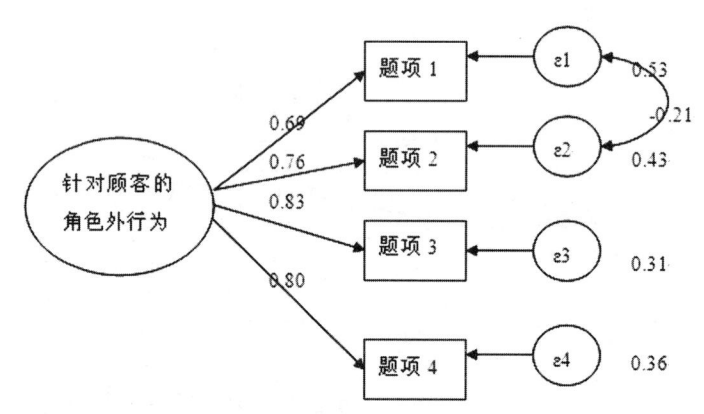

图 4-20 修正后针对顾客的角色外行为变量的分构念 CFA 检验

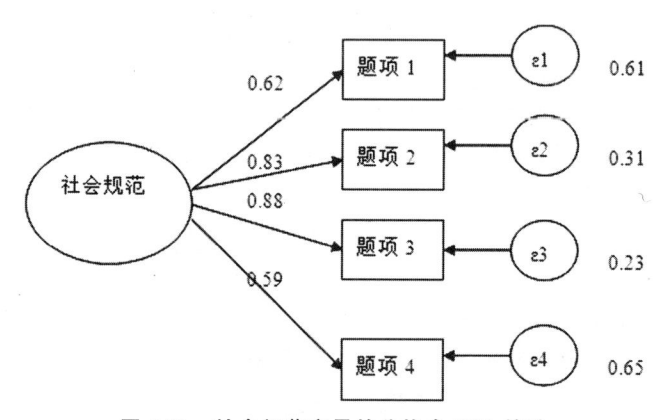

图 4-21 社会规范变量的分构念 CFA 检验

表 4-17 社会规范变量修正前与修正后的拟合度指标

	χ^2	df	P 值	χ^2/df	GFI	AGFI	NFI	CFI	RMSEA
原模型	5.493	2	0.064	2.747	0.993	0.996	0.991	0.994	0.065
修正模型 1	0.000	0	—	—	1.000		1.000	1.000	

先删除题项 4 之后得到修正模型 1,图 4-22 表明,剩余的三个观察题项中:题项 2 和题项 3 的因子负载数值分别为 0.87 和 0.84、误差分别为 0.25

和 0.30,皆符合信度要求;唯有观测题项 1 的因子负载数值 0.63 稍小于 0.7、误差为 0.6 稍大于 0.5,但是,考虑到修正模型 1 的各项拟合度指标(表 4-17)已经达到良好标准,因此本研究勉强保留了题项 1,而仅删除了题项 4。

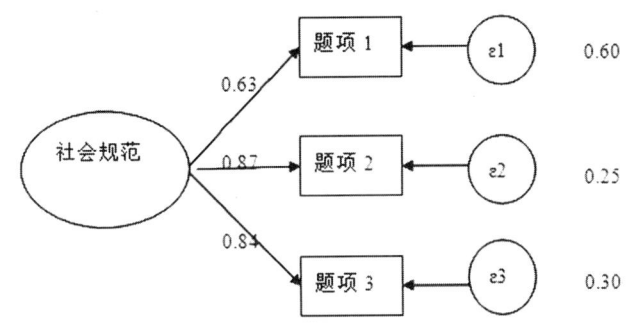

图 4-22　修正后社会规范变量的分构念 CFA 检验

4.6.2.2　理论模型 B 对应的测量模型的信度、效度与拟合度检验

1. 理论模型 B 对应的测量模型的信度检验

由表 4-18 并结合前面表 4-12 的验证性因子分析结果可知,对于理论模型 B 所涉及的 7 个潜变量,各个潜变量的组成信度(CR)介于 0.76～0.92 之间,皆大于 0.6,表明其所组成的整个测量模型的信度较好(Bagozzi 和 Yi,1988)。

另外,因为标准化系数都小于 0.95,标准误差都不太大,也没有负的误差项方差存在,所以说,不存在违犯估计问题(Hair,1998)。

表 4-18　理论模型 B 对应的测量模型验证性因子分析结果

潜变量	题项	标准化负载系数	t 值	标准误(SE)	已解释因子变异(R2)	测量误差(ε)	组成信度(CR)	平均方差抽取量(AVE)
针对顾客的角色外行为(ERBC)	Erbc1	0.69			0.47	0.53	0.85	0.59
	Erbc2	0.76	12.17	0.074	0.57	0.43		
	Erbc3	0.83	13.70	0.085	0.69	0.31		
	Erbc4	0.80	13.61	0.080	0.64	0.36		

续表

潜变量	题项	标准化负载系数	t值	标准误(SE)	已解释因子变异(R2)	测量误差(ε)	组成信度(CR)	平均方差抽取量(AVE)
社会规范(SN)	Sn1	0.63			0.40	0.60	0.83	0.62
	Sn2	0.87	12.56	0.107	0.75	0.25		
	Sn3	0.84	12.67	0.102	0.70	0.30		

注：$CR = (\sum 标准化负载系数)^2 / \{(\sum 标准化负载系数)^2 + \sum \varepsilon_j\}$，$AVE = \sum (标准化负载系数)^2 / \{\sum (标准化负载系数)^2 + \sum \varepsilon_j\}$，其中，$\varepsilon_j$ 是第 j 项的误差。

2. 理论模型 B 对应的测量模型效度检验

由表 4-18 并结合上一节表 4-12 可知，理论模型 B 所涉及的 7 个潜变量的 AVE 介于 0.52~0.63 之间，均大于 0.5，表明测量模型聚敛效度较佳。

对于区别效度检验，由理论模型 B 所涉及的任意两个潜变量组成共变关系模型，其嵌套模型比较结果表明，任一嵌套模型的卡方值差异量是显著的(表 4-19)，说明潜变量相互之间的区别效度良好。

表 4-19 理论模型 B 对应的测量模型中潜变量间区别效度检验

潜变量	成就感	被尊重感	情感性组织承诺	针对顾客的角色外行为	社会规范	顾客针对服务员工的关系建设行为
被尊重感	64.639**					
情感性组织承诺	28.844**	55.024**				
针对顾客的角色外行为	55.690**	55.332**	45.972**			
社会规范	84.043**	88.997**	55.583**	44.080**		
顾客针对服务员工的关系建设行为	90.045**	142.231**	110.414**	85.060**	190.806**	

续表

潜变量	成就感	被尊重感	情感性组织承诺	针对顾客的角色外行为	社会规范	顾客针对服务员工的关系建设行为
顾客对员工服务质量积极评价行为	74.259**	119.997**	100.821**	87.686**	160.889**	30.360**

注：**表示P＜0.001。

3. 理论模型B对应的测量模型的拟合度检验

与理论模型B对应的整体测量模型的拟合度检验结果表明，除了卡方的显著性水平指数P＝0.000外，其他各项指标都基本符合要求（表4-20原模型行中数值），但仍说明整体测量模型尚有改善空间。

表4-20 理论模型B对应的测量模型拟合度检验

	χ^2	df	P值	χ^2/df	GFI	AGFI	NFI	CFI	RMSEA
原模型	521.804	230	0.000	2.269	0.904	0.875	0.906	0.945	0.055
改进模型1	508.172	229	0.000	2.219	0.906	0.877	0.908	0.947	0.054
改进模型2	494.945	228	0.000	2.171	0.908	0.879	0.911	0.949	0.053
改进模型3	442.230	221	0.000	2.001	0.917	0.888	0.920	0.958	0.049

经过对变量间的残差相关问题进行初步考察，共有19组残差间的MI指数大于4；但由于外因潜在变量的测量指标的残差不能与内因潜在变量的测量指标的残差相关，否则违背了结构方程模型的基本假定，因此须把这些测量指标残差之间的MI排除在进行协同因子连接的考虑之外。这样，还剩余11组残差间存在相关问题。

测量指标"我（顾客）主动打听并试图记住这位老师/主治医生/美容师/美发师的名字和联系方式"的残差 ε1 与测量指标"我（服务员工）所在单位里大多数人都有上述（针对顾客的）几种行为"的残差 ε14 的MI指数为13.072，EPC为0.141，这可以理解为这两个测量指标虽然主要分别受潜变量顾客针对服务员工的关系建设行为和社会规范的影响，这两个测量指标还在一定程度上受服务员工与顾客之间人际吸引的影响，因此二者的残差相关可以理解,于是首先对此两个残差连接,得到的残差相关系数为0.22,并对改进后的模型做拟合度检验,其拟合度有一定的改善(见表4-20中改进模型1的各项指标值)。再考察改进模型1的残差相关问题,发现测量指标"我经常因为教学/诊治/美容/美发工作中的成绩而感觉很开心"的测量残差ε6与指标"对我(服务员工)比较重要的人如家人、同事、朋友和熟人都支持我应该继续上述(针对顾客的)几种行为"的残差ε16的MI指数为12.143,EPC为0.111,这可以解释为这两个测量指标还可能在某种程度上受到工作具有令人感兴趣的特性的影响,所以对二者的残差加以连接,残差相关系数为0.24,得到改进模型2。

继续考察新产生的改进模型的MI指数,先后发现:测量指标"我经常因为教学/诊治/美容/美发工作中的成绩而感觉很开心"的测量残差ε6与测量指标"在学习/治疗/美容/美发过程中,学生/患者/顾客很在意我的观点、看法"的残差ε7之间的MI指数为7.094,EPC为0.094,这可以理解为这两个测量指标还在一定程度上会受服务员工自我监控水平的影响,故可以对此两个残差做协同因子连接;测量指标"我经常因为教学/诊治/美容/美发工作中的成绩而感觉很开心"的测量残差ε6与测量指标"学习/诊断和治疗/美容/美发过程中,学生/患者/顾客会向我寻求建议"的残差ε8之间的MI指数为11.269,EPC为0.118,这可以理解为此两个测量指标还在一定程度上受服务员工博学多才的影响,故可以对二者的残差加以连接;测量指标"我所在单位里大多数人都有上述所列(针对顾客的)几种行为"的残差ε14与测量指标"对我而言,目前的单位是可以为之服务的最棒的单位之一"的残差ε17的MI指数为6.739,EPC为0.084,这可以解释为该两个测量指标还在一定程度上共同受组织氛围良好的影响,因此二者对应的残差可以连接;测量指标"我所在单位里大多数人都有上述所列(针对顾客的)行为"的残差ε14与测量指标"我现在的单位最大程度地唤起了我潜在的工作能力"的残差ε23的MI指数为6.341,EPC为0.098,这可以理解为此两个测量指标还受团队精神的影响,所以可以连接对应的两个残差;测量指标"我(顾客)使用善意的语言与这位老师/主治医生/美容师/美发师进行谈话交流"的残差ε2与测量指标"我现在的单位最大程度地唤起了我潜在的工作能力"的残差ε23的MI指数为6.639,EPC为-0.084,这可以解释为这两个指标还在一定程度上会共同受服务员工与顾客之间关系亲近的影响;测量指标"教学/诊治/美容/美发工作中,我经常因取得成绩而感觉自己很棒"的残差ε5与指标"我很高兴在当初参加工作时,我选择了现在这个单位而不是其他"的残差ε21的MI指数为5.665,EPC为0.085,这可以理解为此两个测量指标还在一定程度上共同受服务员工个人技能与组织的要求相匹配的影响,故可以把这两个残差连接起来;测量指标"学生/顾客相信我会考虑他们的切身利益"的残差 ε9 与测量指标"我会很自豪地告诉别人,我是所在学院/医院/美容/美发机构中的一员"的残差 ε18 与的 MI 指数为 5.119,EPC 为 0.083,这可以理解为此两个测量指标还在一定程度上共同受组织声誉的影响,故可以对这两个测量残差项进行连接;经过逐步地对这七组残差项做协同因子连接,依次得到对应的残差相关系数为:0.17、0.26、0.12、0.12、−0.13、0.18 和 0.11,并最终得到改进模型 3,其拟合度指标又有一定的改善(见表 4-20 中改进模型 3 行对应数值)。而进一步对改进模型 3 中的残差相关现象做考察,结果仅发现 ε4 与 ε16 的 MI 指数为 4.056,对此,Bagozzi 和 Yi(1988)指出,由于卡方值对于样本数很敏感,当样本数增加越大,卡方值越易于达到显著,致使理论模型过多地遭受拒绝,所以,还应该综合考虑其他拟合指标。鉴于本研究的服务员工样本数为 416 个,顾客样本数达到 1248 个,因此,极少数的 MI 指标值略微超过 4,也是可以接受的,故对二者的残差不做连接。至此,经过 9 次残差连接所得改进模型 3 整体通过拟合度检验。

第 5 章 假说检验

5.1 针对组织内部的角色外行为和努力意向整合模型假说检验

前面章节在理论模型 A 构建时提出的假说可概括为:顾客的积极反馈行为(包括顾客对员工服务质量的积极评价行为、顾客针对服务员工的关系建设行为)可以直接地,并通过员工成就感和被尊重感的中介作用,而进一步间接地对服务员工针对组织内部的角色外行为和努力意向产生显著积极影响;另外,服务员工的情感性组织承诺对其针对组织内部的角色外行为和努力意向产生直接的积极影响。本节利用 Amos 7.0 软件对构造的结构方程模型加以检验,分析实证数据与理论假说的契合程度。

5.1.1 相应理论模型拟合度检验

首先,作者检验了理论模型 A 的拟合度。根据 Hu 和 Bentle(1999)的观点,模型 A 的规范卡方比(χ^2/df)为 1.942(符合须介于 1~3 的标准);但显著性水平 P=0.000,不符合一般须大于 0.05 的要求;不过结合其他相关指标,近似均方根误差(RMSEA)为 0.048(符合须小于 0.08 的标准),相对简效拟合度(PCFI)为 0.781(符合须大于 0.5 的标准);调整拟合优度值(AGFI)为 0.889(非常接近 0.9 的标准),其他拟合指标都大于 0.9,均符合标准。因此综合来讲,模型拟合度较好。

5.1.2 相关假说的检验

理论模型 A 涉及的假说检验结果见表 5-1。根据表 5-1 可知,除假设 Ha2、Ha3、Ha4、Ha7 和 Ha11 之外,其他 9 个假设标准化路径关系系数的 t 值都介于 2.245~7.116 之间,都达到统计学上的显著水平,这意味着这些理论假设得到了实证数据的支持。

第5章 假说检验

表5-1 针对组织内部的角色外行为和努力意向整合模型的假说检验结果

假设	假设关系	标准化路径关系系数	t值	P值	假设检验结果
Ha1	积极评价行为+→针对组织内部的角色外行为	0.172*	2.390	0.017	支持
Ha2	关系建设行为+→针对组织内部的角色外行为	−0.065	−0.841	0.400	不支持
Ha3	积极评价行为+→努力意向	0.093	1.364	0.173	不支持
Ha4	关系建设行为+→努力意向	−0.139	−1.892	0.058	不支持
Ha5	成就感+→努力意向	0.314***	5.330	0.000	支持
Ha6	成就感+→针对组织内部的角色外行为	0.131*	2.245	0.025	支持
Ha7	关系建设行为+→成就感	0.030	0.345	0.730	不支持
Ha8	积极评价行为+→成就感	0.262***	3.301	0.000	支持
Ha9	被尊重感+→努力意向	0.218***	3.638	0.000	支持
Ha10	被尊重感+→针对组织内部的角色外行为	0.329***	5.161	0.000	支持
Ha11	关系建设行为+→被尊重感	−0.034	−0.374	0.708	不支持
Ha12	积极评价行为+→被尊重感	0.279***	3.327	0.000	支持
Ha13	情感性组织承诺+→针对组织内部的角色外行为	0.320***	5.722	0.000	支持
Ha14	情感性组织承诺+→努力意向	0.402***	7.116	0.000	支持

注：* 表示显著水平 $P<0.05$；** 表示显著水平 $P<0.01$；*** 表示显著水平 $P<0.001$。

对于假设 Ha2"顾客对服务员工的关系建设行为会显著正向影响员工针对组织内部的角色外行为"和假设 Ha11"顾客对服务员工的关系建设行为会显著正向影响员工被顾客尊重感"，实证结果表明这两个假设关系的标准化路径系数分别为−0.065和−0.034，t值分别为−0.841和−0.374，说明这两个假设的正向相关关系不存在，而且具有微弱的不显著的负向关系；假设 Ha7"顾客对服务员工的关系建设行为会显著正向影响员工在服务工作中的成就感"的标准化路径系数为 0.030,t 值为 0.345,说明该理论假设的正向相关关系不显著;假设 Ha3"顾客对员工服务质量的积极评价行为会显著正向影响服务员工的努力意向"的标准化路径系数为 0.093,t 值为 1.364,也说明该理论假设的正向相关关系不显著。另外,值得注意的是,假设 Ha4"顾客对服务员工的关系建设行为会显著正向影响服务员工的努力意向"的标准化路径系数为－0.139,t 值为－1.892,该 t 值的绝对值小于但接近 1.960,表明虽然没有达到 0.05 的显著水平但该路径关系还须引起注意,说明与假设相反,实证结果表明,顾客对服务员工的关系建设行为会负向影响服务员工的努力意向(表 5-2、图 5-1)。

表 5-2　针对组织内部的角色外行为和努力意向整合模型路径效应总结

路径关系	直接效应	间接效应	总效应
积极评价行为→针对组织内部的角色外行为	0.172	0.262 * 0.131 + 0.279 * 0.329 = 0.126	0.298
积极评价行为→努力意向	0.093	0.262 * 0.314 + 0.279 * 0.218 = 0.143	0.236
关系建设行为→针对组织内部的角色外行为	－0.065	0.030 * 0.131 － 0.034 * 0.329 = －0.008	－0.073
关系建设行为→努力意向	－0.139	0.030 * 0.314 － 0.034 * 0.218 = 0.002	－0.137
情感性组织承诺→针对组织内部的角色外行为	0.320		0.320
情感性组织承诺→努力意向	0.402		0.402

针对组织内部的角色外行为被解释的变异(R2)为 0.308;努力意向被解释的变异为 0.349;服务工作上的成就感被解释的变异为 0.080;被顾客尊重感被解释的变异为 0.066。

5.1.3　结论与讨论

5.1.3.1　顾客针对服务员工的关系建设行为对服务员工在服务工作中的成就感不产生显著作用

这个结论与原始理论假设 Ha7 不符。导致这一结果的原因,可能是由于假设中的关键前导变量"顾客针对服务员工的关系建设行为"的含义未能明显超出本研究中样本所处的儒家文化在人际交往方面的准则。具体而言,"礼"是中国儒家文化的重要组成部分,讲"礼"、守"礼"是中国人的人际交往之道;而且仁爱是礼仪的内核,礼仪是仁爱的外在表现(许薇薇,2009)。因此,理论假设中所涉及的关键前导变量"顾客对服务员工的关系建设行为"的一项重要内容就是"善意地与人进行沟通",因此可能被服务员工认为是一种符合传统礼仪规范的、自然而然的日常社交行为,因而他们很少会把顾客的这种日常的礼仪行为归因为自己在顾客服务工作上的成功或能力突出,也就是说不太可能产生成就感。

5.1.3.2 顾客针对服务员工的关系建设行为对服务员工被尊重感无显著影响(仅有不显著的负向影响)

这个结论与假设 Ha11 不符。这一实证结果有些出乎意料,但以下解释又使之显得具有某种程度的合理性:HSIEN 和 YEN(2005)关于顾客参与的研究表明,顾客参与会提高服务员工的角色压力(包括角色冲突和角色模糊),甚至能够最终降低员工的服务质量(图 5-1)。据此,考虑到"顾客对服务员工的关系建设行为"有时候会作为顾客参与服务传递的一种方式而

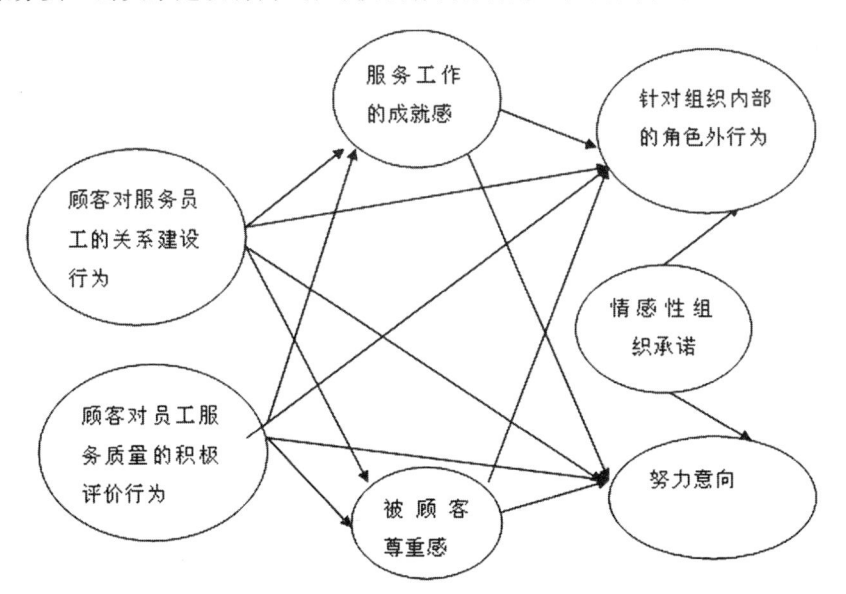

拟合指标:$\chi^2=471.994$;$P=0.000$;$df=243$;$\chi^2/df=1.942$;$GFI=0.917$;$AGFI=0.889$;$RMSEA=0.048$;$NFI=0.929$;$NNFI=0.955$;$CFI=0.964$;$PCFI=0.781$。

图 5-1 针对组织内部的角色外行为和努力意向整合模型拟合度检验果

发生在服务员工为顾客提供服务的过程之中,所以可以认为这种关系建设行为可能增加服务员工的角色压力,被服务员工视为一种干扰因素,从而感到不被尊重,或者说,负向地影响服务员工的被尊重感。另外,这也可能是由于顾客自身虽然有"表达尊重"之意,但因为双方缺乏深入沟通等原因,使得服务员工并未领会顾客行为中的内在含义,造成实际结果与顾客愿望存在落差。至于这一可能的负向影响在本研究中为何没有达到显著程度,可能是由于:第一,本研究所指的"顾客针对服务员工的关系建设行为"如果发生在服务过程中,也仅可视为顾客参与方式之一种,其他常见的参与方式还有信息提供、共同生产行为等;第二,本研究所指的"顾客针对服务员工的关系建设行为"不仅包括发生在服务过程之中的行为,还包括服务过程结束之后的行为。或许,顾客的这些发生于服务结束之后的"关系建设行为"会对服务员工的被尊重感产生积极作用,抵消了部分潜在的负向影响。

5.1.3.3 顾客对服务员工的关系建设行为对服务员工针对组织内部的角色外行为没有正向的显著直接影响

假设 Ha2 之所以没有得到实证支持,欲解释这一结果,需要与假设 Ha1"顾客对员工服务质量的积极评价行为会显著地正向影响服务员工针对组织内部的角色外行为产生"获得实证支持的原因结合起来。原因可能是:

第一,"顾客对员工服务质量的积极评价行为"主要是针对服务员工的工作技能和结果进行肯定,这样一方面会引发员工的积极情绪,另一方面还可能提升了员工的自我效能(即主观上对自己完成服务任务有信心),因为据 Bandura(1977)的观点,社会环境因素(如周围他人的积极关注或强化)、过去的直接经验和替代性经验有助于形成人们的自我效能,而本研究中,顾客对员工服务质量的积极评价行为属于可形成自我效能的三种来源之一的社会环境因素(如周围他人的积极关注或强化);另外,自我效能又可分为两种:一是整体自我效能(general self-efficancy),即人们对自己应对工作与生活各个方面的挑战、解决各个方面的问题具有信心;一是具体自我效能(specific self-efficancy),即人们对自己应对和处理某类比较具体的挑战、问题的能力具有信心,根据所涉及的能力范围广度不同,又出现了针对具体任务的自我效能(task-specific self-efficancy)、组织中的自我效能(organization-specific self-efficancy)等。一般来讲,自我效能的类型越是与某类行为所涉及的具体能力相一致,那么该自我效能对这类行为的预测作用越强。

由于针对组织内部的角色外行为在本研究中的内涵主要是"帮助任务繁重的同事"和"鼓励同事提高工作效率",也就是说,这些行为主要涉及职场中的工作技能(而不是职场中的非工作技能,更不是职场之外领域如家庭生活中的技能),所以,假设Ha1"顾客对员工服务质量的积极评价行为会显著地正向影响服务员工针对组织内部的角色外行为产生"获得实证支持。

第二,"顾客对服务员工的关系建设行为"并非明确地肯定服务员工的工作技能和成果,因而不太可能提升服务员工具体的自我效能,从而也不太可能显著影响服务员工针对组织内部的角色外行为。

第三,当初在提出假设Ha2时,本研究的主要依据之一是:顾客针对服务员工的关系建设行为可以看作是一种"能够增强自尊"的信息性强化力量。但考虑到假设Ha1未获实证数据支持,此即意味着"顾客针对服务员工的关系建设行为"并不能增强员工的"被尊重感",故Ha2也未得到实证支持。

5.1.3.4 顾客针对服务员工的关系建设行为对服务员工努力意向有不显著负向直接影响

顾客针对服务员工的关系建设行为对服务员工努力意向的直接影响的标准化路径系数为-0.139,t值为-1.892,未达到0.05的显著水平,因此假设Ha4没有得到实证支持。但是,该t值绝对值接近1.960,故实证数据支持的这一负向关系也应引起注意。这可能是由于:顾客针对服务员工的关系建设行为从整体上说,更倾向于被一线服务员工视为一种对其完成工作任务产生"干扰"的因素,正如Weiss和Cropanzano(1996)在论述情感事件理论所指出的那样,职场生活中,有些事件是"干扰"因素,会引起员工的消极情绪,而另一些事件则是"振奋"因素,会引起员工的积极情绪,而积极情感和消极情感又往往具有不同的后果。因此,顾客针对服务员工的关系建设行为与本研究理论模型中所引入的两种积极情感(成就感和被尊重感)相关性弱也就易于理解了。不过,本研究理论模型中没有考虑消极情感的潜在中介作用,以至于出现了"顾客针对服务员工的关系建设行为对服务员工努力意向具有(接近显著的)负向直接影响"的结果。这也在某种意义上暗合HSIEN和YEN(2005)认为顾客参与服务过程会提高服务员工的角色压力的观点。

不过,需要注意的是,顾客对服务员工的关系建设行为可能只是干扰员工与"任务"相关的技能发挥作用,从而阻碍其帮助任务繁重的同事及将来完成任务的积极性,而对于"非任务"技能,则可能有利。

5.1.3.5 顾客对员工服务质量的积极评价行为对服务员工努力意向的正向直接影响不显著

"顾客对员工服务质量的积极评价行为"对服务员工努力意向的正向直

接影响的标准化路径系数仅为0.093,t值为1.364,没达到显著水平,假设Ha3没有得到实证支持。然而,顾客对员工服务质量的积极评价行为对服务员工努力意向的间接影响效应为0.143,说明服务员工在服务工作上的成就感和被顾客尊重感这两种积极情感对上述关系的中介作用更大,假设Ha3所预期的直接影响不显著有可能是两种积极情感起了完全中介作用。

为了检验是否存在完全中介作用,作者按照Baron和Kenny(1986)提出的建议,构建了2个仅含有关键变量的小模型:作者首先针对仅包括"顾客对员工服务质量的积极评价行为"直接影响服务员工"努力意向"的模型加以检验($\chi^2=8.671$,P=0.123,df=5,GFI=0.993,CFI=0.998,NFI=0.995,PCFI=0.333,RMSEA=0.042),该直接关系的标准化路径系数为0.186(t=3.650),然而,当"服务工作上的成就感"和"被顾客尊重感"相关路径被加入后,由四个变量构成的新模型($\chi^2=144.351$,P=0.000,df=46,GFI=0.947,CFI=0.963,NFI=0.946,PCFI=0.671,RMSEA=0.072)中,"顾客对员工服务质量的积极评价行为"直接影响服务员工"努力意向"的标准路径降低为0.004,不再显著(t=0.081),而"顾客对员工服务质量的积极评价行为"到员工"成就感"以及"成就感"到"努力意向"的标准路径分别达到0.270(t值是5.079)和0.401(t值是6.616);同时,"顾客对员工服务质量的积极评价行为"到员工"被顾客尊重感"以及"被顾客尊重感"到员工"努力意向"的标准路径也分别达到0.241(t值是4.301)和0.329(t值是5.252)。可以说,"顾客对员工服务质量的积极评价行为"对服务员工努力意向的正向直接影响不显著主要是由于两种积极情感的完全中介作用造成的。

5.2 针对顾客的角色外行为整合模型假说检验

理论模型B的相关假说可概括为:顾客的积极反馈行为可以直接地,并且通过员工成就感和被尊重感的中介作用,而进一步间接地对服务员工针对顾客的角色外行为产生显著积极影响;另外,服务员工的情感性组织承诺和社会规范对其针对顾客的角色外行为产生直接的积极影响。

5.2.1 相应理论模型拟合度检验

首先检验了理论模型B的拟合度。模型B的规范卡方(χ^2/df)比为2.001(符合须介于1～3的标准);但显著性水平P=0.000,不符合一般须大于 0.05 的要求;不过进一步结合其他相关指标,近似均方根误差(RM-SEA)为 0.049(符合须小于 0.08 的标准),相对简效拟合度(PCFI)为 0.767(符合须大于 0.5 的标准);调整拟合优度(AGFI)值为 0.888(接近 0.9 的标准),其他拟合指标都大于 0.9,均符合标准。整体而言,模型 B 的拟合度也比较好。

5.2.2 相关假说的检验

理论模型 B 涉及的假说检验结果如表 5-3 所示。根据表 5-3 可知,除假设 Hb2、Hb4、Hb8、Hb9 和 Hb6 之外,其他 5 个假设标准化路径关系系数的 t 值都介于 3.015~7.264 之间,都达到统计学上的显著水平,这意味着这些理论假设得到了实证数据的支持(表 5-4)。对于假设 Hb2"顾客对服务员工的关系建设行为会显著正向影响员工被顾客尊重感"和假设 Hb4"顾客对服务员工的关系建设行为会显著正向影响员工在服务工作中体的成就感",和理论模型 A 一样,实证结果再次对原假设不予支持。假设 Hb8"员工在服务工作中的成就感会显著正向影响员工针对顾客的角色外行为",实证结果表明其标准化路径系数为 0.045,t 值分别为 0.801,说明假设的正向相关关系不显著;假设 Hb6"顾客对员工服务质量的积极评价行为会显著正向影响员工针对顾客的角色外行为"的标准化路径系数为 −0.069,t 值为 −0.964,说明该理论假设的正向相关关系不显著,而且具有微弱的不显著负向作用。值得注意的是,假设 Hb9"服务员工的情感性组织承诺会显著正向影响其针对顾客的角色外行为"的标准化路径系数为 −0.007,t 值为 −0.126,表明实证数据不支持理论模型中的假设。

表 5-3 针对顾客角色外行为整合模型的假设检验结果

假设	假设关系	标准化路径关系系数	t 值	P 值	假设检验结果
Hb1	积极评价行为+→被尊重感	0.291***	3.461	0.000	支持
Hb2	关系建设行为+→被尊重感	−0.075	−0.805	0.421	不支持
Hb3	积极评价行为+→成就感	0.269***	3.372	0.000	支持
Hb4	关系建设行为+→成就感	0.018	0.200	0.841	不支持
Hb5	关系建设行为+→针对顾客的角色外行为	0.238**	3.015	0.003	支持

续表

假设	假设关系	标准化路径关系系数	t 值	P值	假设检验结果
Hb6	积极评价行为＋→针对顾客的角色外行为	−0.069	−0.964	0.335	不支持
Hb7	被尊重感＋→针对顾客的角色外行为	0.252***	4.022	0.000	支持
Hb8	成就感＋→针对顾客的角色外行为	0.045	0.801	0.421	不支持
Hb9	情感性组织承诺＋→针对顾客的角色外行为	−0.007	−0.126	0.900	不支持
Hb10	社会规范＋→针对顾客的角色外行为	0.523***	7.264	0.000	支持

注：*表示显著水平 P<0.05；**表示显著水平 P<0.01；***表示显著水平 P<0.001。

表 5-4　针对顾客角色外行为整合模型的路径效应总结

路径关系	直接效应	间接效应	总效应
积极评价行为→针对顾客的角色外行为	−0.069	0.291 * 0.252 + 0.269 * 0.045 = 0.085	0.016
关系建设行为→针对顾客的角色外行为	0.238	−0.075 * 0.252 + 0.018 * 0.045 = −0.018	0.220
情感性组织承诺→针对顾客的角色外行为	−0.007		−0.007
社会规范→针对顾客的角色外行为	0.523		0.523

针对顾客的角色外行为被解释的变异(R^2)为 0.376；服务工作上的成就感被解释的变异为 0.079；被顾客尊重感被解释的变异为 0.061。

5.2.3　结论与讨论

在结构模型 B 中，理论假设 Hb2 和 Hb4 未获得实证数据的支持，其可能的理由已经在前面部分做了陈述。理论假设 Hb9"员工的情感性组织承诺会显著正向影响其针对顾客的角色外行为"也未获得实证支持,反而,与其对应的冲突理论看来更符合实际,也就是,服务员工的情感性组织承诺不能显著地正向影响其针对顾客的角色外行为(图 5-2)。回想到在建立假设 Hb9 时,所涉及的文献中曾出现两种冲突观点,现在看来,另一种观点,即与 Becker 和 Billings(1993)的看法类似的观点更加符合实际,该观点认为:对某个具体目标的承诺对于这个目标而言具有明确的意义,然而对其他目标却不一定有意义。

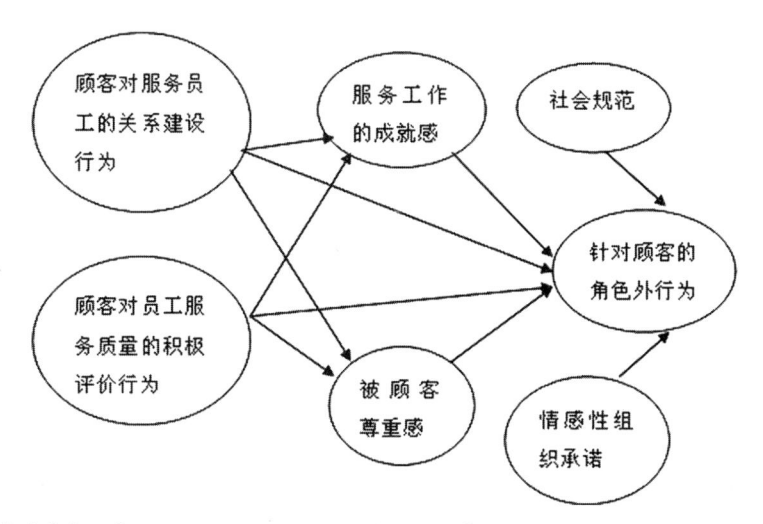

拟合指标:$\chi^2=442.230$;$P=0.000$;$df=221$;$\chi^2/df=2.001$;$GFI=0.917$;$AGFI=0.888$;$RMSEA=0.049$;$NFI=0.920$;$NNFI=0.948$;$CFI=0.958$;$PCFI=0.767$。

图 5-2 针对组织内部的角色外行为和努力意向整合模型拟合度检验果

下面主要针对假设 Ha6 和 Hb8 没有得到实证支持的原因加以尝试性的解释。

(1)假设 Hb6"顾客对员工服务质量的积极评价行为会正向显著直接影响服务员工针对顾客的角色外行为"[顾客对员工服务质量积极评价行为(针对顾客的角色外行为)]没有得到实证支持,而假设 Hb5"顾客针对服务员工的关系建设行为会显著正向影响服务员工针对顾客的角色外行为"[顾客对服务员工的关系建设行为(针对顾客的角色外行为)]获得支持。原因可能包括以下两方面。

第一,针对顾客的角色外行为所需要的技能(如替顾客临时照料小孩、与心情欠佳的顾客沟通以排除其内心阴霾等职责外的帮助行为)与工作中所需要的技能存在差异;然而,"顾客对员工服务质量的积极评价行为"侧重于强调顾客对员工与工作任务相关的技能的肯定,也就是说,"积极评价的内容"与假设的结果变量"针对顾客的角色外行为"有较大不一致,因此,假设 Hb10 中的直接关系很可能不存在;另外,Hb6 中的直接关系不显著,也可能是因为两种积极情感(成就感和被尊重感)的中介作用之结果。

为了检验是否存在完全中介作用,作者按照 Baron 和 Kenny(1986)提出的建议,构建了 2 个仅含有关键变量的小模型:作者首先针对仅包括"顾客对员工服务质量的积极评价行为"直接影响服务员工"针对顾客的角色外行为"的模型加以检验($\chi^2 = 1.856$, P = 0.762, df = 4, GFI = 0.998, CFI=1.000, NFI=0.997, PCFI=0.400, RMSEA=0.000),该直接关系的标准化路径系数为 0.204(t=3.875),然而,当"服务工作上的成就感"和"被尊重感"相关路径被加入后,由四个变量构成的新模型($\chi^2 = 101.298$, P=0.000, df=39, GFI=0.958, CFI=0.963, NFI=0.941, PCFI=0.683, RMSEA=0.062)中,"顾客对员工服务质量的积极评价行为"直接影响服务员工"针对顾客的角色外行为"的标准路径降低为 0.072,不再显著(t=1.373),而"顾客对员工服务质量的积极评价行为"到员工"成就感"以及"成就感"到"针对顾客的角色外行为"的标准路径分别达到 0.269(t 值是 5.057)和 0.125(t 值是 2.137);同时,"顾客对员工服务质量的积极评价行为"到员工"被顾客尊重感"以及"被顾客尊重感"到员工"针对顾客的角色外行为"的标准路径也分别达到 0.242(t 值是 4.327)和 0.415(t 值是 5.994)。可以说,"顾客对员工服务质量的积极评价行为"对服务员工"针对顾客角色外行为"的正向直接影响不显著主要是由于两种积极情感的完全中介作用造成的。

第二,顾客对服务员工的关系建设行为会造成员工与顾客的人际关系趋于亲近,使二者之间产生类似于 Price(1999)所说的"商业友情"。在人员销售管理领域,Lawrence 等(1990)提出服务销售环境下的接触强度(interaction intensity)的概念,其定义是销售人员或者为了私人目的或者为了商业目的(面对面或间接地)同顾客进行沟通的频率。以上研究中所指的"接触"(interaction)是指服务员工主动发出的试图与顾客接触的行为。实际上,顾客也会主动地试图与服务员工进行接触(如,顾客的关系建设行为)。Frenzen 和 Davis(1990)认为,在顾客与服务员工之间最初的交换中,双方只能获得经济利益,然而随着交换的多次发生,双方之间的交换会产生"额外利益",比如双方个人之间产生相互喜欢等感情。Price(1999)认为,商业环境下可能产生商业友情(commercial friendship),并倾向于认为商业友情是在商业环境中交换双方个人之间发展起来的友情。

总之,顾客与员工之间的接触、关系联络越频繁,越可能使二者之间产生友谊之类的情感,所以,容易使服务员工对顾客表现出额外的帮助行为。

(2)假设 Hb8:一线服务员工在服务工作上的成就感会显著正向影响其针对顾客的角色外行为[成就感(针对顾客的角色外行为)]未能得到实证支持,而理论模型 A 中假设 Ha10:一线服务员工在服务工作上的成就感会显著正向影响其针对组织内部的角色外行为[成就感(针对组织内部的角色外行为)]却得到支持的原因可能如下。

第一,"服务员工针对顾客的角色外行为"与"服务员工针对组织内部的角色外行为"的性质有所差异,或者说,二者的利他程度不同。"服务员工针对顾客的角色外行为"不仅具有利他(对他人——顾客有好处)性质,更具有利己性质。在实行 360 度绩效评价的组织(如许多高校)中,顾客(如学生)对服务员工(如老师)的评价和自我评价、上级评价一样,成为组织对员工全方位评价的重要组成部分。另外,Beatty 等(1996)认为顾客会忠诚于某个服务员工个人,而据 Tax 和 Brown(1998)对美国万国宝通银行的研究,30%的顾客会跟随他们的理财师到另一家新的公司去。因此,对于未明确实行 360 度评价的组织,由于顾客会忠诚于某个服务员工个人——而忠诚于服务员工个人的顾客,一旦服务员工离职或流动,他们也会随着离开或流动,在服务员工没有流动时,则会增加再惠顾或积极进行口碑传播等,这样会提高相应服务员工的个人绩效从而最终有利于员工薪酬、晋升机会等的提高,因此,服务员工针对顾客的角色外行为,既含有对顾客有额外好处的含义,也具有有益于服务员工个人利益的含义。

第二,服务员工进行针对组织内部的角色外行为和针对顾客的角色外行为的动机不同。根据上一方面的分析,当服务员工表现出针对顾客的角色外行为时,员工的理性动机(而非情感)更容易占主导地位,即员工认为"我做这些事对我有利",而非"我应该做这些事——规范动机"或"他们需要我——共情动机"等。这与发生在有着近似的价值观、具有共同组织目标而聚集在一起的组织内部成员之间的"互助互馈性"的角色外行为的动机(往往是"别的同事帮助过我,我也应该回馈")不同。

然而,"服务工作上的成就感"虽然属于积极情感,但是更加突出服务员工在完成工作任务方面感到"有能力、是成功的",而一部分"针对顾客的角色外行为"却不要求员工在工作任务上有能力或成功,联系到 Barger 和 Grandey(2006)的"兼容性原理",即态度目标与行为目标须一致才更具预测作用,因此有助于理解假设 Hb8 未获实证支持。

第6章 研究贡献、局限与展望

本研究在以往学者们研究结论的基础上建立了理论假设,并构造了两个理论模型;又结合问卷调查方法收集到的数据对理论假设和理论模型进行实证检验,得出了一些有意义的研究结论。以下部分首先对实证研究的主要结论做了总结,接着对本研究在理论上的贡献和对管理实践的潜在指导意义进行阐述,同时指出了本研究的不足及未来可能的研究方向。

6.1 主要研究结论

(1)"顾客对员工服务质量的积极评价行为"对"服务员工针对组织内部的角色外行为",以及"顾客对服务员工的关系建设行为"对"服务员工针对顾客的角色外行为"分别会产生显著的正向直接影响。

"顾客对员工服务质量的积极评价行为"对"服务员工针对组织内部的角色外行为"具有显著的正向直接影响(直接效应为0.172),但对"服务员工针对顾客的角色外行为"无显著直接影响;"顾客对服务员工的关系建设行为"对"服务员工针对顾客的角色外行为"具有显著的正向直接影响(直接效应为0.238),但是对"服务员工针对组织内部的角色外行为"无显著直接影响。

(2)服务员工"在服务工作中的成就感"和"被顾客尊重感"在"顾客对员工服务质量的积极评价行为"间接影响"服务员工针对组织内部的角色外行为"及其"努力意向"的过程中都起有效中介作用。

"顾客对员工服务质量的积极评价行为"还间接地通过两种积极情感(即服务员工"在服务工作中的成就感"和"被顾客尊重感")的中介作用而显著地正向影响"服务员工针对组织内部的角色外行为"(间接效应为0.126)以及服务员工的"努力意向"(间接效应为0.143)。

(3)服务员工的"被顾客尊重感"在"顾客对员工服务质量的积极评价行为"间接影响"服务员工针对顾客的角色外行为"的过程中起有效中介作用。

"顾客对员工服务质量的积极评价行为"对服务员工的"被顾客尊重感"具有显著正向直接影响(效应为0.291),而服务员工的"被顾客尊重感"对

第6章 研究贡献、局限与展望

"服务员工针对顾客的角色外行为"也具有显著正向直接影响(效应为 0.252),因此"顾客对员工服务质量的积极评价行为"对"服务员工针对顾客的角色外行为"具有间接影响(间接效应为 0.291 * 0.252 = 0.073)。

(4)"顾客对员工服务质量的积极评价行为"和服务员工"情感性组织承诺"对"服务员工针对组织内部的角色外行为"的影响效力几乎达到了同等水平;而"顾客针对服务员工的关系建设行为"对"服务员工针对组织内部的角色外行为"仅有负向的微弱影响。

"顾客对员工服务质量的积极评价行为"和服务员工"情感性组织承诺"对"服务员工针对组织内部的角色外行为"的总影响效力分别为 0.298 和 0.320,几乎达到了同等水平。而"顾客针对服务员工的关系建设行为"对"服务员工针对组织内部的角色外行为"仅有负向的微弱影响(总效力为 -0.065 - 0.008 = -0.073)。

(5)就对"员工针对顾客的角色外行为"的相对影响力而言,"社会规范"具有最大的影响力,其次是顾客积极反馈行为,而服务员工的"情感性组织承诺"则没有显著影响。

就对"员工针对顾客的角色外行为"的相对影响力而言,"社会规范"具有最大的影响力(效应为 0.523),其次是顾客积极反馈行为(总效应为 0.220 + 0.016 = 0.236),而服务员工的"情感性组织承诺"则没有显著影响(标准化系数 -0.007,t 值为 -0.126)。

(6)两种积极顾客反馈行为,即"顾客针对服务员工的关系建设行为"和"顾客对员工服务质量的积极评价行为"对服务员工的"努力意向"不存在显著正向直接影响,"顾客针对服务员工的关系建设行为"对一线服务员工而言兼具有积极和一定程度的消极作用。

两种积极顾客反馈行为,即"顾客针对服务员工的关系建设行为"和"顾客对员工服务质量的积极评价行为"对服务员工的"努力意向"不存在显著正向影响,尤其出乎预料的是,"顾客针对服务员工的关系建设行为"对"努力意向"产生接近显著的负向影响(效应为 -0.139,t 值为 -1.892);再考虑到"顾客针对服务员工的关系建设行为"对服务员工"针对顾客的角色外行为"产生的正向显著作用(效应为 0.238,t 值为 3.051),以及对服务员工"针对组织内部的角色外行为"产生的微弱不显著负向作用(效应为 -0.065,t 值为 -0.841),所以,"顾客针对服务员工的关系建设行为"可以说对一线服务员工而言兼具有积极和一定程度消极作用,或者说具有两面性。

联想到服务员工"针对组织内部的角色外行为"主要是指员工帮助任务繁重的同事等,这需要借助于员工在工作任务方面的技能,而"努力意向"主要是指员工在以后的工作任务上的态度,这也涉及员工在工作任务方面的技能,但是,服务员工"针对顾客的角色外行为"往往较少涉及员工在工作任务方面的技能,或者还涉及服务员工的与自身工作任务不相关的技能(如,教师可能对学生学习之外的休闲或家庭生活提供建议,等),所以,作者猜想"顾客针对服务员工的关系建设行为"可能是一种"厌"工作任务技能而"亲"非工作任务技能性质的行为。

(7)就对服务员工"努力意向"的相对影响力而言,"情感性组织承诺"具有最大的影响力(效力为0.402),其次是"顾客对员工服务质量的积极评价行为"(效力为0.236),"顾客针对服务员工的关系建设行为"则具有较小的负向影响(效力为-0.137)。服务员工的"社会规范"的影响由于未纳入模型,所以排除在比较范围之外。

6.2 理论贡献

(1)将顾客的两种积极反馈行为即"顾客对员工服务质量的积极评价行为"和"顾客对服务员工的关系建设行为"作为一线服务员工努力意向、针对组织内部的角色外行为和针对顾客的角色外行为的影响因素,丰富了市场营销学关于一线服务员工管理和激励方面的理论。

既有文献中,虽然有个别学者在组织水平上研究了顾客满意可能导致员工努力,如 Luo 和 Homburg(2007)发表的题为"顾客满意被忽略的后果"的文章,但本研究涉及的两种顾客行为并不一定是由满意的顾客所表达出来的,而且本研究后果变量也不相同,即还包括了对服务组织生存和发展具有重要意义的两种一线服务员工角色外行为。

顾客之所以从事"积极评价行为"和"关系建设行为",还可能是为了:第一,满足顾客的社交和情感需要(如有些患者试图与医生建立私人关系);第二,降低消费风险(如住院治疗的患者或美容消费者,其对服务的消费一般需要较长一段时期,他们可能为了在这一时期得到较高质量的服务,而尝试与服务员工"建立关系"或毫不吝啬自己的夸赞之词以便使服务员工"高兴");第三,获得未来优待(如美发师可能在将来对"关系户"服务更周到、价格方面打折扣);第四,进行印象管理而采取的手段(如学生为在老师心目中留下良好印象而赞美老师的才能、肯定老师的工作成果或表现出对老师很感兴趣等);第五,从众行为(例如,顾客遵从人际交往的社会规范)。其中,"顾客对员工服务质量的积极评价行为"可以对一线服务员工产生比较广泛的积极后果,包括:使员工对本职工作愿意更加努力、有利于员工展现出更

第6章 研究贡献、局限与展望

多的在职责范围之外帮助同事和顾客的行为;因此,"顾客对员工服务质量的积极评价行为"会对一线服务员工的激励和管理产生积极作用。而"顾客对服务员工的关系建设行为"则具有两面性,具体而言:该关系建设行为会正向显著影响"服务员工针对顾客的角色外行为",却会接近显著地负向影响服务员工的"努力意向"并对员工"针对组织内部的角色外行为"具有弱的不显著负向影响。

(2)将两种积极情感即"服务员工在服务工作中的成就感"和"服务员工的被尊重感"作为中介变量引入顾客积极反馈行为影响一线服务员工行为及行为意向的作用过程中,丰富了积极心理学关于服务组织员工(具体而言是一线服务员工)积极心理的引发和积极心理效果的研究。

积极心理学中积极情感的引发常常来自实验操控(如喝美味饮料、听音乐等),也较少有针对组织环境下员工的积极心理和后续行为的研究(许多研究关注人们在学习、生活中的积极心理及其后果),本研究提出服务员工的成就感和被顾客尊重感的概念,并对二者的一些与顾客行为有关的前导变量和与服务员工有关的后果变量加以研究,目前尚未有同样的研究出现。本研究表明,"服务员工在服务工作中的成就感"和"服务员工的被尊重感"可以由"顾客对员工服务质量的积极评价行为"引发,而且此两种情感又会导致服务员工的积极后果,具体讲,"成就感"会促使服务员工具有更高的努力意向,表现出更多针对组织内部角色外行为,而"被顾客尊重感"则会促使服务员工具有更高的努力意向,表现出更多针对组织内部角色外行为,以及表现出更多针对顾客的角色外行为。

(3)比较了服务员工的"情感性组织承诺"和顾客积极反馈行为对"员工针对组织内部的角色外行为"的相对影响力,发现顾客积极反馈行为也很重要,特别是"顾客对员工服务质量的积极评价行为"几乎与"情感性组织承诺"同等重要,为一线服务员工针对组织内部的角色外行为方面的研究提供了一个重要的新视角。

在一线服务员工针对组织内部的角色外行为前导变量方面的研究中,既有的研究大多关注组织因素(如任务特性、领导行为、组织支持、工作满意度、组织文化、组织公平等)的影响,特别是突出了情感性组织承诺的重要作用(有效、甚至完全中介了组织因素对角色外行为的影响)。本研究发现了另一个非常重要的影响力来源——顾客对员工服务质量的积极评价行为。顾客的这种行为是如此重要,所以研究者应当更多地关注其他类似的顾客行为,并进一步探寻其发生的原因以及发挥作用的机理等。

(4)比较了顾客积极反馈行为、"服务员工的情感性组织承诺"和"社会规范"对"服务员工针对顾客的角色外行为"的相对影响力,发现"社会规范"

具有最大的影响力,其次是顾客积极反馈行为,而"服务员工的情感性组织承诺"则没有显著影响。这为一线服务员工针对顾客的角色外行为的研究提供了新视角。

一线服务员工针对顾客的角色外行为是一个比较新的概念,近年来才逐渐受到研究者们的关注,现存的研究成果较少,尚未出现把顾客行为和社会规范视为其影响因素的研究。本研究发现,对针对顾客的角色外行为而言,"社会规范"具有最大的影响力(效应为 0.523),其次是"顾客积极反馈行为"(效应为 0.220+0.016=0.236),而"服务员工的情感性组织承诺"则没有显著影响(效应为-0.007)。就是说,对针对顾客的角色外行为而言,顾客的两种积极反馈行为和相应的社会规范(而不是服务员工的情感性组织承诺)具有显著促进作用。

6.3 实践意义

随着服务业市场竞争的加剧,顾客和一线服务员工越来越成为服务组织获得和保持竞争优势的关键因素。服务组织除了激励服务员工积极地为顾客服务外,顾客可否也反过来对服务员工产生积极作用?能产生什么积极后果?本研究对此做出了较为系统的回答。本研究结论对管理实践的启发意义主要有以下几方面。

(1)管理者需要重视顾客教育和顾客管理,引导、鼓励顾客表现出更多的积极反馈行为,特别是顾客对员工服务质量的积极评价行为。

目前的顾客教育往往集中在为顾客提供专业服务方面(如理财投资)的知识和技能。但是,鼓励和教育顾客做一个合格、受欢迎的顾客也很重要。这样的顾客不但对顾客自身有利(促使员工在当次服务顾客的过程中更尽力,顾客更可能获得将来服务时的优待),而且也有利于服务员工(员工心情更愉快、产生更高的服务质量)和服务组织(员工表现出更多的角色外行为,组织拥有更多满意的顾客)。有时候,顾客因为对以往服务满意而惠顾率高(如美容、美发、健身、导游、理财咨询等),但这些顾客所表现出来的行为却会引起服务员工不快、反感,而致使本来可以保持良性循环的服务者—被服务者关系过早终结;有时候,顾客是一次性惠顾(如到医院治病),但由于其行为不当或没有符合服务员工的期望,而在当次服务中未能享有本来可以享有的高质量服务(虽然服务组织提倡、要求服务员工"以顾客为中心""视顾客如上帝",但类似"县官不如现管"的现象时有发生)。

为引导、鼓励顾客表现出更多的积极反馈行为,服务组织可以做很多。

如,可以举办"人的心理与行为"方面的免费讲座,其中一部分用于阐明良好顾客行为不但对顾客自身利益有利,还会使他人受益;在服务介绍小册子中增加"怎样做一个受人欢迎的上帝?"的内容提示(例如提示,上帝是仁慈的,具有关爱之心;上帝是宽容的,具有包容之心;上帝给予人力量,鼓舞人们积极向上,等);在顾客等候或休息处设置"传统顾客""明智顾客""理想绅士"等顾客行为宣传专栏,引导顾客行为越来越符合组织的期望;鼓励顾客之间相互沟通、相互启发,人人争做一个合格、受欢迎的消费者(顾客沟通内容可能有:在对服务员工进行积极评价时,可以针对核心服务质量——比如服务技能和效果,也可针对非核心服务质量——比如服务态度和着装;在对服务员工进行关系建设时,顾客可以在日常言辞上表现出善意,也可对服务员工的兴趣或关注的事项进行了解、发表见解,而这些关系建设行为既可能发生于服务过程之中,也可能发生于服务结束之后);对受欢迎的顾客予以奖励(如给予价格折扣、升级为"金牌伙伴"),使其长久坚持。

当然,考虑到"顾客对服务员工的关系建设行为"的两面性,对此种行为应该慎重。不过,就对"针对组织内部的角色外行为"和"努力意向"的相对影响力而言,"顾客对员工服务质量的积极评价行为"的促进作用(分别为0.300和0.238)明显地大于"顾客对服务员工的关系建设行为"的负面作用(分别为-0.079和-0.144),这两种顾客积极反馈行为仍具有积极的综合效应。

(2)管理者要重视一线服务员工积极情感的激发和管理。

人往往是情感动物。负面情感基本上与不利的工作结果相连,而积极情感则对个人和组织都有利。正像Weiss和Cropanzano(1996)所说,工作场所中一些看起来很微小的干扰或鼓励积累起来就会引起员工的情感发生变化,从而造成大相径庭的结果。但防止或消除员工的负面情感,并不等于说员工就怀有了积极情感。特别是对于一线服务员工,他们除了与组织中的领导、同事等相处外,还要同形形色色的顾客打交道,而且需要尽可能使顾客满意,为此,服务员工又被要求抑制自己可能的负面情感。一线服务员工可谓是肩负重担。鉴于同顾客交互是一线服务员工日常工作不可避免的主要部分,管理者与其提供组织方面的诱因(如提高薪酬、改善工作条件、晋升等),不如从顾客本身着手,引导、鼓励和教育顾客表现出能够激发服务员工的积极情感的行为。

管理者要重视一线服务员工的"在服务工作中的成就感""被顾客尊重感"等积极情感的管理。在如何激发一线服务员工的此类情感方面,管理者首先可以着眼于鼓励顾客主动直接地与服务员工进行积极交流,如鼓励顾客直接向服务员工表露谢意或赞扬(如在服务手册上提示或者在组织中顾客易于看得到的地方张贴标语,请顾客把满意、快乐说出来;有时候,这类顾客与服务员工私人间的直接接触行为,还可以在组织中公开,从而产生更大效果,如拍摄照片、录像、撰写成故事在内部通讯上刊登等);或者,着眼于及时地把顾客的积极评价(指顾客非直接的行为,如写信或当面向组织领导表扬某个员工)传达给服务员工(如建立、改进基于顾客反馈的即时评价传达系统等)。此外,还可以为顾客对一线服务员工的关系建设提供便利条件,如在服务过程中为顾客与服务员工之间的亲近交互留下时间和空间(比如开辟员工—顾客沟通专区,开展有顾客参加的联谊活动等),让一线员工在个人层面上能更多地感受到顾客的关心或友情。

鉴于"顾客对服务员工的关系建设行为"的两面性,就本研究结果而言,可以:第一,鼓励同时也向一线服务员工表达对服务质量的积极评价的顾客(不一定为同一个顾客)进入"关系建设"区,以抵消关系建设行为潜在的负面作用。第二,管理者对已经进入"关系建设"阶段的服务员工及时传递顾客的积极评价信息;第三,由于"顾客对服务员工的关系建设行为"的负面作用是对于"针对组织内部的角色外行为"和"努力意向"的,而对"针对顾客的角色外行为"则有显著促进作用,如果组织看重其"正面"作用而又希望降低其"负面"作用,管理者应当借助于其他措施,如制定严明的惩罚制度、加强职业精神教育等。

在如何管理一线服务员工的这种积极情感方面,管理者可以:第一,对于顾客在服务过程中的抱怨(如发现理发师没理解其个人偏好,发型设计有误),除当事员工及时补救外,另一名组织成员还应该作为"组织代表"一方面出面向顾客进行补救,另一方面避免矛盾升级,务求使顾客满意,至少将其不满降至最低;对于顾客的事后抱怨(如回家后经家人指出才发觉发型设计有误)则力求间接、延迟传达。服务组织可以设置专门处理顾客抱怨的人员,作为抱怨顾客与相关服务员工之间的"缓冲",先安抚顾客,竭力使顾客由不满转为满意(如采取真诚道歉、赔偿、请另一员工重新提供服务等措施),事后在适当时机说服、教育当事员工,这样,即使当顾客下一次仍接受同员工服务时,二人可能前嫌尽释,甚至不打不成交;对于无理取闹的顾客则可以向员工封闭消息,将此类顾客拒之门外也在所不惜,管理者要意识到,并非所有顾客都是组织的"有价值的资源";第二,寻找其他能够维持此种积极情感的方法,如在消费淡季顾客惠顾率较低,组织可以以回顾精彩一刻、感动事迹回放等形式重现顾客之前的积极反馈行为,这样,一旦有顾客,服务员工可以以饱满精神状态投入工作,并可能展现出角色外行为。

(3)组织需要建立基于顾客反馈的员工即时评价系统。

虽然实际上有许多顾客对组织的服务质量(包括服务补救质量)是满意

的(否则组织很难生存下来),但直接与顾客接触并为顾客提供服务的一线服务员工往往很少能感受到顾客的满意,因此,组织需要建立、改进基于顾客反馈的员工即时评价系统,以便使服务员工能够更多更及时地感受到顾客的正面反馈。例如,目前一些银行在服务柜台设置有可供顾客在服务结束后给相应服务员工评分的电子装置,可谓向此目标迈出重要一步。不过,更完善的做法是这种电子系统能够区分处理积极评价和消极评价信息,把积极评价即时显露给服务员工,而暂时不把消极评价透露给服务员工,但管理者仍能获得消极评价的记录。管理者可以每天汇总一次,视问题严重程度,由管理者与员工直接沟通,找出问题的真正症结是在员工本身还是其他如服务设施故障等,以便对症下药。考虑到顾客也可能有针对服务员工的不公平交互行为(如冤枉、误解员工),因此如此区分处理很有必要,可能效果更佳。

(4)宣传适度,提供良好辅助服务。

虽然顾客再惠顾的原因有多种,但顾客因满意而重复惠顾是服务组织孜孜以求的,也是服务员工内心所愿。所以,服务组织应该进行切合实际的宣传,不过分夸大服务能力以便使顾客对服务质量有切合实际的预期,提高顾客满意度,进而提升顾客的积极评价。此外,服务组织要在辅助服务方面,如顾客与服务设施交互、顾客与辅助服务员工交互上给予支持,令顾客满意,以增加顾客对整体服务的满意度。

总之,本研究从与一线服务员工密切相连的顾客行为入手,剖析了顾客对员工服务质量的积极评价行为和顾客对服务员工的关系建设行为对服务员工心理和行为可能产生的作用,通过引导或鼓励顾客的上述行为,有助于服务员工更加愿意投入本职工作、表现出更多的超过职责要求的角色外行为,从而有利于组织的效率和最终目标的实现。

6.4 研究局限与展望

(1)本研究样本虽然来自不同的服务行业,包括高等教育、医疗、美容美发业,但也具有一定共性或特点,即这些都是"顾客与服务员工接触较密切"的服务行业,都是"直接作用于人身或人的思维"的服务行业,研究结论对于其他服务行业如零售、餐饮、影院等是否也适用尚需要做进一步的检验。

(2)由于既有研究中,社会规范往往是针对人们较为熟知的、单一的行为来讲(如关于酗酒、使用公交车通勤等行为的社会规范),而本研究发现,当让受测者来回答他们关于针对组织内部的角色内行为的社会规范相关问题时,对于这一由多个测量题项来反映、每个测量题项所描述的具体行为不尽相同的概括性学术构念问题,受测者比较困惑或不情愿作答。因此,本研究没有考察针对组织内部的角色外行为的社会规范的影响。这是本研究的一个局限。

(3)理论模型中的两种积极情感的解释率较低,除已经提及的顾客对员工服务质量的积极评价行为和顾客针对服务员工的关系建设行为外,很可能还有其他顾客行为未能涵盖。

(4)本研究中的实证数据属于截面数据,未来可进一步考虑获得时序数据,进行动态研究。

关于顾客行为对一线服务员工的心理和行为产生积极影响的研究目前还为数很少,这需要研究者们一方面从既有文献和理论出发,进行对比、分析和推理,构建新的理论模型;另一方面从实践出发,结合商业实际的最新进展,发掘、归纳出尚未被理论界所重视的、有潜力的概念或研究框架,以便在该研究方向上取得长足进步。

致　谢

岁月似水,近五年的读博生涯即将结束,蓦然回首,竟一切如昨。本书能够完成,得益于许多老师的指导以及亲友的支持。

首先,对本人的博士导师周庭锐教授深表谢意。周庭锐老师具有深厚的学术造诣、宽广的眼界,对实业界也理解深刻;周庭锐老师治学态度严谨,甚至使人敬畏,但又不失和蔼。周庭锐老师不但在本论文的选题和写作过程中进行指导和把关,而且在研究方法和统计技术上指教良多。周庭锐老师游历多国,而又具有厚实的国学底蕴,无论聆听其讲课,还是在生活中交流,都让人感受到哲理性启发。

感谢经管院副院长黄登仕教授。黄老师胸怀学生,以其睿智的洞察力和严格的要求给我的学习和研究生涯注入动力,使我不敢懈怠,催我奋进,并将在今后的学习和研究过程中继续感染着我。

感谢经管院副院长王建琼教授。王老师见解深刻、目光敏锐,中肯耐心、诲人不倦,常产生触类旁通的效果,使我铭记在心。特别是王老师在统计方法方面的指教使人豁然开朗、深受启迪。

感谢经管院院长贾建民教授、副院长朱宏泉教授,以及李永健教授和范莉莉教授。他们在本论文选题和研究方法等方面的谆谆教诲,常常萦绕在我的耳畔。感谢李军教授、史本山教授、贾志永教授、徐杨教授、肖作平教授、叶乃沂教授、郭强教授以及魏宇副教授在学习过程中给予的启发和帮助。还要感谢符建云老师、陈洁老师和罗映新老师等在就读期间给予的支持与帮助。

感谢曹忠鹏、李颜晨、卢东、严兴全、郑亚楠、吴水庭、苏兆国、范春梅和李芳芳博士,与他们一起学习的日子令时光平添乐趣。

感谢我的妻子徐凤霞,在这几年里她默默承担烦琐的家务、抚养孩子的辛苦和其他种种烦恼,付出了太多。

感谢所有给予我帮助的诸多亲人和朋友,以及一些未曾谋面的好心人。

参考文献

[1]Abdullah,F. The development of HEdPERF. A new measuring instrument of service quality for the higher education sector[J]. International Journal of Consumer Studies,2006,30(6):569~581.

[2]Adelman,M. B. ,Ahuviaa,A. & Goodwin,C. Beyond smiling. Social Support and Service Quality[A], in Rust, R. T. & Oliver, R. L. (Eds.),Service quality[C]. Thousand Oaks,CA:Sage Publications,1994:139~171.

[3]Ajzen,I. Attitude Structure and Behavior[A],in Pratkanis, A. ,Breckler,S. & Greenwald,A. Attitude structure and function[C]. Hillsdale,NJ. Lawrence Erlbaum Associates,Inc. ,1989:241~274.

[4]Ajzen,I. The Theory of Planned Behavior[J]. Organizational Behavior and Human Decision Process,1991,50(2):179~211.

[5]Alan witt,L. ,Wilson,J. W. Moderating Effect of Job Satisfaction on The Relationship Between Equity and Extra-role Behaviors[J]. Journal of Social Psychology,1991,131(2):247~252.

[6]Allen,N. J. &Meyer,J. P. Affective,Continuance,and Normative Commitment to the Organization:An Examination of Construct Validity [J]. Journal of Vocational Behavior,1996,49(1):252~276.

[7]Allen,T. D. ,Barnard,S. ,Rush,M. C. & Russell,J. E. A. Ratings of Organizational Citizenship Behaviors:Does the Source Make a Difference? [J]. Human Resource Management Review,2000,10(1):97~114.

[8]Allen,D. G. ,Shore,L. M. & Griffith,R. W. The Role of Perceived Organizational Support and Supportive Human Resource Practices in The Turnover Process[J]. Journal of Management,2003,29(1):99~118.

[9]Anderson,C,H. Job design:Employee satisfaction and performance in retail stores[J]. Journal of Small Business Management,1984,22(4):9~16.

[10]Anderson,R. ,Manoogian,S. T. &Reznick,J. S. The undermining and enhancing of intrinsic motivation in preschool children[J]. Journal of

Personality and Social Psychology,1976,34(5):915~922.

[11]Arnolds,C. A. & Boshoff,C. Compensation,esteem valence and job performance:An empirical assessment of Alderfer's ERG theory[J]. International Journal of Human Resource Management, 2002, 13(4): 679~719.

[12]Aryee,S. ,Wyatt,T. & Min,M. Antecedents of organizational commitment and turnover intentions among professional accountants in different employment settings in Singapore[J]. The Journal of Social Psychology,1995,131(4):545~556.

[13]Asch,S. E. Studies of independence and conformity:a minority of one against unanimous majority[J]. Psychological Monographs:General and Applied,1956,70(1):1~70.

[14]Ashforth,B. E. ,Saks,A. M. & Lee,R. T. Socialization and Newcomer Adjustment:the role of organizational context[J]. Human Relations,1998,51(7):897~926.

[15]Avey,J. B. ,Luthans,F. & Youssef,C. M. The additive value of positive psychological capital in predicting work attitudes and behaviors [J]. Journal of Management,2010,36(2):430~452.

[16] Aubert Gamet, V. & Cova, B. Servicecapes:From modern nonplaces to postmodern common places[J]. Journal of Business Research, 1999,44(1):37~45.

[17]Babin,B. J. ,Darden,W. R. Consumer self-regulation in a retail environment[J]. Journal of Retailing,1995,71(1):47~70.

[18]Bagozzi,R. P. Sales force performance and satisfaction as function of individual difference,interpersonal,and situational factors[J]. Journal of Marketing Research,1978,15(November):517~531.

[19]Bagozzi,R. P. The self-regulation of attitudes,intentions and behavior[J]. Social Psychology Quarterly,1992,55(2):178~204.

[20]Bagozzi,R. P. ,Gopinath,M & Nver,P. U. The role of emotions in marketing[J]. Journal of the Academy of Marketing Science,1999,27 (2):184~206.

[21]Bagozzi,R. P. & Phillips,L. W. Representing and testing organizational theories:A holistic construal[J]. Administrative Science Quarterly,1982,27(3):459~489.

[22]Bagozzi,R. P. & Yi,Y. On the evaluation of structural equation

models[J]. Journal of the Academy of Marketing Science,1988,16(1):74~94.

[23]Bales,R. F. A set of categories for the analysis of small group interaction[J]. American Sociological Review,1950,15:257~263.

[24]Ballinger, G. A. Chutes versus ladders:Anchoring events and a punctuatedequilibrium perspective on social exchange relationships[J]. Academy of Management Review,2010,35(3):373~391.

[25]Bamberger,P. ,Biron,M. Group norms and excessive absenteeism:The role of peer referent others[J]. Organizational Behavior & Humen Decision Processes,2007,103(2):179~196.

[26]Bamberg,S. ,Hunecke,M. & Blobaum,A. Social context,personal norms and the use of public transportation:two field studies[J]. Journal of environmental Psychology,2007,27(3):190~203.

[27]Bamberg, S. ,Schmidt,P. Incentives,morality or habit? Predicting students car use for university routes with the models of Ajzen,Schwartz,and Triandis[J]. Environment and Behavior,2003,35(1):264~285.

[28]Bandura,A. Self-efficacy:Toward a unifying theory of behavioral change[J]. Psychological Review,1977,84(2):191~215.

[29]Barger, P. B,Grandey, A. A. Service with a smile and encounter satisfaction:Emotional contagion and appraisal mechanisms[J]. Academy of Management Journal,2006,49(6):1229~1238.

[30]Baron, R. M. ,Kenny,D. A. The moderator-mediator distinction in social psychological research:Conceptual, strategic, and statistical considerations[J]. Journal of Personality and Social Psychology,1986,51(6):1173~1182.

[31]Barrick,M. R. ,Mount,M. K. The big five personality dimensions and job performance:A metaanalysis[J]. Personnel Psychology,1991,44(1):1~26.

[32]Barrick,M. R. ,Mount,M. K. Autonomy as a moderator of the relationships between the big five personality dimensions and job performance[J]. Journal of Applied Psychology,1993,78(1):111~118.

[33]Baruch,Y. ,Harel,G. Multisource performance appraisal:An empirical and methodological note[J]. Public Administration Quarterly,1993,17(Spring):96~111.

[34]Basch,J. ,Fisher,C. D. Affective eventsemotion matrix:A classi-

fication of work events and associated emotions[A], in Ashkanasy, N. M., Hartel, C. E. J. & Zerbe, W. J. (Eds.), Emotions in the workplace: Research, theory and practice[C]. Westport, CT: Quorum Books, 2000: 36~48.

[35]Battercourt, L. A., Gwinner, K. P. & Meuter, M. L. A comparison of attitude, personality, and knowledge predictions of service-oriented organizational citizenship behaviors[J]. Journal of Applied Psychology, 2001,86(1):29~41.

[36]Bateman, S. T., Organ, D. W. Job satisfaction and the good soldier: The relationship between affects and employee citizenship[J]. Academy of Management Journal, 1983,26(4):587~595.

[37]Battisti, M., Fraccaroli, F., Fasol, R. & Depolo, M. Psychological contract and quality of organizational life[J]. Industrial Relations, 2007, 62(4):664~689.

[38]Baumister, R. F. The optimal marginal of illusion[J]. Journal of Social and Clinical Psychology, 1989,8(1):176~189.

[39]Beach, M. C., Roter, D. L., Wang, N. Y., Duggan, P. S. & Cooper, L. A. Are physicians' attitudes of respect accurately perceived by patients and associated with more positive communication behaviors? [J]. Patient Education and Counseling, 2006,62(3):347~354.

[40]Beatty, S. E., Morris L. M., James, E. C., Reynolds, K. E. and Lee, J. Customersales associate retail relationships[J]. Journal of retailing, 1996,72(Fall):223~247.

[41]Becker, T. E., Billings, R. S. Profiles of commitment: An empirical test[J]. Journal of Organizational Behavior, 1993,14(2):177~190.

[42]Becker, T. E., Kernan, M. C. Matching commitment foci to supervisors and organization to in role and extra role performance[J]. Human Performance, 2004,17(1):119~135.

[43]Behrman, D. N., Perreault, W. D. A role stress model of the performance and satisfaction of industrial salespersons [J]. Journal of Marketing, 1984,48(Fall):9~12.

[44]Bell, C. R., Zemke, R. E. Service Breakdown: The road to recovery[J]. Management Review, 1987,76(October):32~35.

[45]Bell, S. J., Menguc, B. The employee-organization relationship, organizational citizenship behaviors, and superior service quality[J]. Jour-

nal of Retailing,2002,78(2):131~146.

[46]Bendapudi, N. , Berry, L. L. Customer's motivations for maintaining relationships with service providers[J]. Journal of Retailing,1997,73(1):15~37.

[47]Bendapudi, N. , Leone, R. P. Psychological implications of customer participation in coproduction[J]. Journal of Marketing, 2003, 67(Jan):14~28.

[48]Bergman, M. E. The relationship between affective and normative commitment:Review and research agenda[J]. Journal of Organizational Behavior,2006,27(5):645~663.

[49]Berry, L. L. Relationship marketing of services growing interest, emerging perspectives[J]. Journal of the Academy and Marketing Science,1995,23(4):236~245.

[50]Berry, L. L. , Parasurraman, A. Marketing services:Competing through quality[M]. New York:The Free Press,1991:151.

[51]Bettencourt, L. A. , Brown, S. W. Contact employees:Relationships among workplace fairness,job satisfaction, and prosocial behaviors[J]. Journal of Retailing,1997,73(1):39~61.

[52]Bitner, M. J. Building service relationships:It's all about promises[J]. Journal of the Academy of Marketing Science,1995,23(4):246~251.

[53]Bitner, M. J. , Faranda, W. T. , Hubbert, A. R. , Zeithaml, V. A. Customer contributions and roles in service delivery[J]. International Journal of Service Industry Management,1997,8(3):193~205.

[54]Booms, B. H. , Bitner, M. J. Marketing strategies and organizational structure for service firms[A], in Donnelly, J. , George, J. R. (Eds.),Marketing of services[C]. Chicago:American Marketing Association,1981.

[55]Borman, W. C. , Motowidlo, S. J. Expanding the criterion domain to include elements of contextual performance[A], in Schimitt, N. , Borman, W. C. (Eds.),Personnel Selection in Organizations[C]. San Francisco:Jossey-Bass,1993:71~98.

[56]Branscombe, N. R. , Spears, R. & Ellemers, N. Intra-group and inter-group effects on group behaviors[J]. Personality and Social Psychology Bulletin,2002,28,652~744.

[57]Brecler, S. J. Empirical validation of affect, behavior, and cogni-

tion as distinct components of attitude[J]. Journal of Personality & Social Psychology,1984,47(6):1191~1205.

[58]Brief,A. P. ,Weiss,H. M. Organizational behavior:Affect in the workplace[J]. Annual Review of Psychology,2002,53(1):279~307.

[59]Brief, A. P. ,Motowidlo,S. J. Prosocial organizational behaviors [J]. Academy of Management Review,1986,11(4):710~725.

[60]Brown,J. D. ,Dutton,K. A. and Cook,K. E. From the top down: self-esteem and self-evaluation[J]. Cognition and Emotion, 2001, 15(5): 615~631.

[61]Brown, S. P. ,Peterson, R. A. The effect of effort on sales performance and job satisfaction[J]. Journal of Marketing, 1994, 58(2): 70~80.

[62]Burney,L. L. ,Henle,C. A. & Widener,S. K. A path model examining the relations among strategic performance measurement system characteristics, organizational justice, and extra and in role performance [J]. Accounting,Organizational & Society,2009,34(3/4):305~321.

[63]Burger,J. M. ,Horita,M. ,Kinoshita,L. ,Robert,K. & Vera,C. Effects of time on the norm of reciprocity[J]. Basic and Applied Psychology,1997,19(1):91~100.

[64]Butler,A. C. ,Hokanson,J. E. & Flynn,H. A. A comparison of self-esteem liability and low trait self-esteem as vulnerability factors for depression[J]. Journal of Personality and Social Psychology,1994,66(1): 166~177.

[65]Cadogan,J. W. ,Simintiras,A. C. An experimental analysis of the impact of a behavior modification program on salespersons' effort and performance behaviors[J]. Journal of Marketing Management,1994,10(7): 605~619.

[66]Casciaro, T. , Lobo, M. S. When competence is irrelevant: The role of interpersonal affect on task-related ties[J]. Administrative Science Quarterly,2008,53(4):655~684.

[67]Cermak, D. S. P. , File, K. M. Customer participation in service specification and delivery[J]. Journal of Applied Business Research,1994, 10(2):90~100.

[68]Chan, K. W. , Yim,C. K. , Lam,Simon S. K. Is customer participation in value creation a double-edged sword? Evidence from professional

Financial services across cultures[J]. Journal of Marketing, 2010, 74 (May):48~64.

[69]Chase, R. P. , Tansik, D. A. The Customer contact model for organizational design[J]. Management Science, 1983, 29(9):1037~1050.

[70]Chen, A. C. , Drury, C. G. Human error in Customer service: A research framework. Proceedings of the 13th Triennial congress of the International Ergonomics Association 97, 1997:141~143.

[71]CHEN, Z. X. , Eisenberger, R. , Johnson, K. M. , Sucharski, I. L. & Aselage, J. Perceived organizational support and extra-role performance: Which lead to which? [J]. The Journal of Social Psychology, 2009, 149(1):119~124.

[72]Chen, T. Y. , Hwang, S. N. & Liu, Y. Employee trust, commitment and satisfaction as moderators of the effects of Idealized and consideration leadership on voluntary performance: A structural equation investigation[J]. International Journal of Management, 2009, 26(1):127~142.

[73]Chowdhury, J. The motivational impact of sales Quotas on effort [J]. Journal of Marketing Research, 1993, 30(February):28~41.

[74]Christen, M. , Iyer, G. & Soberman, D. Job satisfaction, job performance, and effort: A reexamination using agency theory[J]. Journal of Marketing, 2006, 70(January):137~150.

[75]Craighead, C. W. , Karwan, K. R. & Miller, J. L. The effects of severity of failure and customer loyalty on service recovery strategies[J]. Production and Operations Management, 2004, 13(4):307~321.

[76]CHUANG, C. H. , LIAO, H. Strategic human resource management in service context: Taking care of business by taking care of employees and customers[J]. Personnel Psychology, 2010, 63(1):153~196.

[77]Churchill, G. A. J. , Ford, N. M. & Walker, O. C. J. Personal characteristics of salespeople and attractiveness of alternative rewards[J]. Journal of Business Research, 1979, 7(1):25~50.

[78]Church, A. H. , Rogelbeg, S. G. & Waclawski, J. Since when did no news good news? The relationship between performance and response rates in multi-rater feedback[J]. Personnel Psychology, 2000, 53(2):435~451.

[79]Cialdini, R. B. , Kallgren, C. A. & Reno, R. R. A focus theory of normative conduct[J]. Advances in Experimental Social Psychology, 1991,

24,201~234.

[80]Clercq,D. D. ,Rius,I. B. Organizational commitment in Mexican small and mediumsized firms:The role of work status,organizational climate,and entrepreneurial orientation[J]. Journal of Small Business Management,2007,45(4):467~490.

[81]Cohen,A. Commitment before and after:An evaluation and reconceptualization of organizational commitment [J]. Human Resource Management Review,2007,17(3):336~354.

[82]Cohen,S. ,Wills,T. A. Stress,social support,and the buffering hypothesis[J]. Psychological Bulletin,1985,98(2):310~357.

[83]Collins,N. L. ,Feeney,B. C. A safe haven:An attachment theory perspective on support seeking and care-giving in intimate relationships [J]. Journal of Personality & Social Psychology,2000,78(6):1053~1073.

[84]Coviello,N. E. ,Brodie,R. J. & Munro,H. J. Understanding contemporary marketing:Development of a classification scheme[J]. Journal of Marketing Management,1997,13(5):501~522.

[85]Crandall. C. S. ,Eshleman,A. & O'Brien,L. Social norms and the expression and suppression of prejudice:The struggle for internalization [J]. Journal of Personality and Social Psychology,2002,82(3):359~379.

[86]Crites,J. S. L. ,Fabrigar,L. R. & Petty,R. E. Measuring the affective and cognitive properties of attitudes:conceptual and methodological issues[J]. Personality and Social Psychology Bulletin, 1994, 20 (6): 619~634.

[87]Crede,M. ,Chernyshenko,O. S. ,Stark,S. ,Dalal,R. S. & Bashshur,M. Job satisfaction as mediator:An assessment of job satisfaction's position within the nomological network[J]. Journal of Occupational and Organizational Psychology,2007,80(3):515~538.

[88]Crosby,L. A. ,Evans,K. R. & Cowles,D. Relationship quality in service selling:An interpersonal influence perspective[J]. Journal of Marketing,1990,54(July):68~81.

[89]Cullinanne,N. ,Dundon,T. The psychological contract:A critical review. International[J]. Journal of Management Reviews, 2006, 8(2): 113~129.

[90]Cunningham,M. T. ,Turnbull,P. W. Interorganizational personal contact patterns[A],in Hakansson,H. (Ed.),International Marketing and

Purchasing of Industrial GoodsAn Interaction Approach[C]. Chicester: John Wiley & Sons Ltd,1982.

[91]Czepiel,J. A. Service encounters and service relationships: Implication for researchers [J]. Journal of Business Research, 1990, 20(1): 13~21.

[92]Dabholkar,P. How to improve perceived service quality by improving customer participation[A],in Dunlap,B. J. (Ed.),Development in marketing science[C]. Cullowhee, NC: Academy of Marketing Science, 1990:483~487.

[93]Davis Blake,A.,Pfeffer,J. Just a mirage: The search for dispositional effects in organizational research[J]. Academy of Management Review,1989,14(3):385~400.

[94]Deci,E. I.,Connell,J. P. & Ryan,R. M. Self~determination in work organization [J]. Journal of Applied Psychology, 1989, 74(4): 580~590.

[95]Deci,E. L. Intrinsic motivation,extrinsic reinforcement,and inequity[J]. Journal of Personality and Social Psychology, 1972, 22(1): 113~120.

[96] Deci, E. L. Intrinsic motivation [M]. New York: Plenum, 1975:23.

[97]Deci,E. L.,Ryan,R. M. The "what" and "why" of goal pursuits: Human needs and theself-determination of behavior[J]. Psychological Inquiry,2000,11(4):227~269.

[98]DeCremer, D. Respect and cooperation in social dilemmas: The importance of feelong included[J]. Personality and Social Psychology Bulletin,2002,28,1335~1341.

[99]de Jong,A.,de Ruyter,K. & Lemink,J. Antecedents and consequences of the service climate in boundary-spanning self-managing service teams[J]. Journal of Marketing,2004,68(1):18~35.

[100]DeNisi,A. S.,Kluge,A. N. Feedback effectiveness: Can 360-degree appraisals be improved? [J]. Academy of Management Executive, 2000,14(1):129~140.

[101]Deluga,R. J. & Mason,S. Relationship of resident assistant conscientiousness, extraversion, and positive affect with rated performance [J]. Journal of Research in Personality,2000,34(2):225~235.

[102]Donaldson, S. I. , Ensher, E. A. , Grant Vallone, E. J. Longitudinal examination of mentoring relationships on organizational commitment and citizenship behavior[J]. Journal of Career Development, 2000, 26, 233~249.

[103]Donovan, R. J. , Rossiter, J. R. Store atmosphere: An environmental psychologyapproach[J]. Journal of Retailing, 1982, 58(1): 34~57.

[104]Donovan, R. J. , Rossiter, J. R. , Marcoolyn, G. & Nesdale, A. Store atmosphere and purchasing behavior[J]. Journal of Retailing, 1994, 70(3): 283~294.

[105]Dunn, J. R. , Schweitzer, M. E. Feeling and believing: The influence of emotion on trust[J]. Journal of Personality and Social Psychology, 2005, 88(May): 736~748.

[106]Dwyer, F. R. , Schurr, P. H. & Oh, S. Developing buyer-seller relationship[J]. Journal of Marketing, 1987, 51(2): 11~27.

[107]Eisingerich, A. B. , Bell, S. J. Relationship marketing in the financial services industry: the importance of customer education, participation and problem Management for Customer Loyalty[J]. Journal of Financial Marketing, 2006, 10(4): 86~97.

[108]Eisenberger, R. , Fasolo, P. M. & Davis LaMastro, V. Effects of perceived organizational support on employee diligence, innovation, and commitment[J]. Journal of Applied Psychology, 1990, 53(1): 51~59.

[109] Eisenberger, R. , Huntington, R. , Hutchison, S. & Sowa, D. Perceived organizational support[J]. Journal of Applied Psychology, 1986, 71(4): 500~507.

[110] Emerson, R. M. Social exchange theory[J]. Annual Review of Sociology, 1976, 2(1): 335~362.

[111] Ennew, C. T. , Binks, M. R. Impact of participative service relationship on quality, satisfaction and Retention: an Exploratory Study [J]. Journal of Business Research, 1999, 46(2): 121~132.

[112] Ennew, C. T. , Binks, M. R. Good and bad customers: The benefits of participating in the banking relationship [J]. International Journal of Bank Marketing, 1996, 14(2): 5~13.

[113] Epitropaki, O. , Martin, R. From ideal to real: A longitudinal study of the role of implicit leadership theories on leader-member exchanges and employee outcomes[J]. Journal of Applied Psychology, 2005, 90

(4):659～676.

[114] Farrell, D. , Rusbult, C. E. Exchange variables as predictors of job satisfaction, job commitment, and turnover: The impact of rewards, costs, alternatives, and investments[J]. Organizational Behavior and Human Performance,1981,27(1):78～95.

[115] Farh, J. L. , Earley, P. C. & Lin, S. Impetus for extraordinary action: A cultural analysis of justice and extra role behavior in Chinese society[J]. Administrative Science Quarterly,1997,42(3):421～444.

[116] Feather, N. T. , Rauter, K. A. Organizational citizenship behaviors in relation to job status, job insecurity, organizational commitment and identification, job satisfaction and work values[J]. Journal of Occupational and Organizational Psychology,2004,77(1):81～94.

[117] File, K. M, Judd, B. B. , Prince, R. A. Interactive marketing: the influence of participation on positive word of mouth and referrals [J]. The Journal of Service Marketing,1992,6 (4):5～14.

[118] Fishbein, M. Attitude and the prediction of behavior [A], in Fishbein, M. (Ed.), Readings in attitude theory and measurement[C]. New York: Wiley,1967:477～492.

[119] Fisher, C. D. Antecedents and consequences of real-time affective reactions at work[J]. Motivation and Emotion,2002,26(1):3～30.

[120] Fleeson, W. , Malanos, A. B. A. & Achile, N. M. An intra-individual process app roach to the relationship between extraversion and positive affect: Is acting extraverted as "good" as being extraverted? [J]. Journal of Personality and Social Psychology,2002,83(6):1409～1422.

[121] Ford, G. Understanding business markets: Interaction, relationships, and networks[M]. London: Academic Press,1990.

[122] Forgas, J. P. , Bower, G. H. & Krantz, S. E. The influence of mood on perceptions of social interactions[J]. Journal of Experimental Social Psychology,1984,20(4):497～513.

[123]Foxall, G. R. Consumer in context: The BPM research program [M]. London and New York: Routledge,1996.

[124]Fox, M. L. , Dale, K. Leadership style and organizational commitment: Mediating effect of role stress[J]. Journal of Management Issues,2008,20(1):109～130.

[125] Foxall, G. R. Consumer psychology in behaviural perspective

[M]. London:Routledge,1990.

[126] Foxall, G. R. Consumer psychology in behavioral perspective [M]. London and New York: Routledge/International Thomson, 1990: 228.

[127] Foxall, G. R. The role of radical behaviorism in the explanation of consumer choice[J]. Advances in Consumer Research, 1986, 13(1): 187~191.

[128] Foxall, G. R. Radical behaviorist interpretation: Generating and evaluating an account of consumer behavior[J]. The Behavior Analyst, 1998,21(1):321~354.

[129] Fox, C. J., Sulzer Azaroff, B. Increasing completion of accident reports[J]. Journal of Safety Research,1987,18(2):65~71.

[130] Fredrickson, B. L. The role of positive emotions in positive psychology: The broaden and build theory of positive emotions[J]. American Psychologist,2001,56(3):218~226.

[131] Fredrickson, B. L. What good are positive emotions? [J]. Review of General Psychology,1998,2(3):300~319.

[132] Frenzen, J. K., Davis, H. L. Purchasing behavior in embedded markets[J]. Journal of Consumer Research,1990,17(1):1~12.

[133] Frijda, N. H. Moods, emotion episodes, and emotions[A], in Lewis, M., Haviland, J. M. (Eds.). Handbook of emotions[C]. New York:Guilford Press,1993:381~403.

[134] Fu, F. Q., Bolander, W. & Jones, E. Managing the drivers of organizational commitment and salesperson effort: An application of Meyer and Allen's three component model[J]. Journal of Marketing Theory and Practice,2009,17(4):335~350.

[135] Ganesan, S., Weiz, B. A. The Impact of staffing policies on retail buyer job attitudes and behavior[J]. Journal of Retailing, 1996, 72(1): 31~56.

[136] Garretson, J. A., Burton, S. Highly coupon and sales prone consumers: Benefits beyond price savings[J]. Journal of Advertising Research,2003,43(2):162~172.

[137] George, J. M. Salesperson mood at work: Implications for helping customers [J]. Journal of Personal Selling & Sales Management, 1998, 18(3):23~30.

[138]George, J. M. State or trait: effects of positive mood on prosocial behavior at work [J]. Journal of Applied Psychology, 1991, 76 (2): 299~307.

[139]George, J. M. The role of personality in organizational life: Issues and evidence[J]. Journal of Management, 1992, 18(2): 185~213.

[140]George, J. M., Brief, A. P. Feeling good-doing good: A conceptual analysis of the mood at work-organizational spontaneity relationship [J]. Psychological Bulletin, 1992, 112(2): 310~329.

[141]George, W. R. The retailing of services a challenging future [J]. Journal of Retailing, 1977, 53(3): 85~98.

[142]Gibbons, D. F. Friendship and advice networks in the context of changing professional values[J]. Administrative Science Quarterly, 2004, 49(2): 238~262.

[143]Gibbs, J. P. Sociology's central notion[M]. Urbana, IL: University of Illinois Press, 1989.

[144]Gouldner, A. W. The norm of reciprocity: A preliminary statement [J]. American Sociological Review, 1960, 25(2): 161~178.

[145]Gronroos, C. A service~oriented approach to marketing of services [J]. European Journal of Marketing, 1978, 12(8): 588~601.

[146]Gronroos, C. Internal marketing-theory and practice[C]. Amerian Marketing Association's Service Conference Proceedings, 1985, 41~47.

[147]Gronroos, C. Relationship marketing logic[J]. Asia-Australia Marketing Journal, 1996, 4(1): 7~18.

[148]Gronroos, C. Strategic management and marketing in the service sector[M]. Helsingfors, Finland: Swedish school of economics and business administration, 1982.

[149]Gronroos, C. The marketing strategy continuum: Toward a marketing concept for the 1990s[J]. Management Decision, 1991, 29 (1): 7~13.

[150]Gronroos, C. From marketing mix to relationship marketing: Towards a paradigm shift in marketing [J]. Asia Australia Marketing Journal, 1994, 2(1): 9~29.

[151]Guest, D., Conway, N. Pressure at work and the psychological contract[M]. London: Chartered Institute of Personnel Development, 2002.

[152]Gwinner, K. P., Gremler, D. D., Bitner, M. J. Relationship benefits in services industries: the customer's perspective [J]. Journal of the Academy of Marketing Science, 1998, 26(2):101～114.

[153]Hackman, J. R., Oldham, G. R. Development of the Job Diagnostic Survey[J]. Journal of Applied Psychology, 1975, 60(2):159～170.

[154]Hair, J. F., Anderson, R. E., Tatham, R. L. & Black, W. C. Multivariate Data Analysis (5th Eds) [M]. Upper Saddle River, New Jersey: Prentice Hall, 1998.

[155]Hakansson, H. & Ostberg, C. Industrial marketing: An organizational problem [J]. Industrial Marketing Management, 1975, 4(1): 113～123.

[156] Haldane, B. Motivate your excellence[J]. Advanced Management Journal, 1967, 32(4):43～50.

[157]Hart, S. H., Moncrief, W. C. & Parasuraman, A. An empirical investigation of sales-people's performance, effort and selling method during a sales contest[J]. Journal of the Acadeny of Marketing Science, 1989, 17(1):29～39.

[158]Hartline, M. D., Maxham, J. G., Mckee, D. O. Corridors of influence in the dissemination of customer-oriented strategy to customer contact service employees[J]. Journal of marketing, 2000, 64(April): 35～50.

[159]Hastorf, A. H., Schneider, D. J. & Polefka, J. Person perception [M]. Addison Wesley: Reading, MA, 1970.

[160]Hatfield, E., Cacioppo, J. T. & Rapson, R. L. Emotional contagion[J]. Current Directions in Psychological Science, 1993, 2(3):96～99.

[161]Heise, D. R. Understanding events: Affect and the construction of social action [M]. Cambridge, England: Cambridge University Press, 1979.

[162] Heise, D. R. Affect control theory: Concepts and model[J]. Journal of Mathematical Sociology, 1988, 13(1):1～133.

[163]Herold, D. M., Greller, M. M. Feedback: The development of a construct[J]. Academy of Management Journal, 1977, 20(1):142～147.

[164]Herold, D. M., Parsons, C. K. Assessing the feedback environment in work organizations, development of the Job Feedback Survey[J]. Journal of Applied Psychology, 1985, 70(2):290～305.

[165]Hershey,R. A practitioner's view of "motivation"[J]. Journal of Managerial Psychology,1993,8(3):10~13.

[166]Herzberg,F.,Mausner,B. & Snyderman,B. The motivation and work[M]. New York:John & Wiley,1959.

[167]Heskett,J. K.,Jones,T. O.,Loveman,G. W.,Sasser,J. W. E. & Schlesinger,L. A. Putting the service profit chain to work[J]. Harvard Business Review,1994,(March~April):166.

[168]Hess,U.,Blairy,S. Facial mimicry and emotional contagion to dynamic emotional facial expressions and their influence on decoding accuracy[J]. International Journal of Psychophysiology, 2001, 40 (1): 129~141.

[169]Heuer,I.,Blumenthal,E.,Douglas,A. & Weinblatt,T. A deservingness approach to respect as a relationally based fairness judgment [J]. Personality and Social Psychology Bulletin,1999,25:1279~1292.

[170]Hobfoll,S. E.,Johnson,R. J.,Ennis,N. & Jackson,A. P. Resource loss,resource gain and emotional outcomes among inner city women [J]. Journal of Personality and Social Psychology,2003,84(3):632~643.

[171]House,R. J.,Wigdor,L. A. Herzberg's Dual-factor Theory of Job Satisfaction and Motivation:A Review of the Evidence and a Criticism [J]. Personnel Psychology,1967,20(4):369~389.

[172]Howard,D. J. "Chaining" the use of influence strategies for producing compliance behaviour [J]. Journal of Social Behavior and Personality,1995,10(1):169~185.

[173]HSIEH,A. T.,YEN,C. H. The effect of customer participation on service providers' job stress [J]. The Service Industries Journal,2005, 25(7):891~905.

[174]HSIEH,A. T.,CHANG,W. T. The effect of consumer participation on price sensitivity [J]. Journal of Consumer Affairs,2004,38(2): 282~296.

[175]Hu,L. T,Bentler,P. M. Cutoff criteria for fit indexes in covariance structure analysis:Conventional criteria versus new alternatives[J]. Structural Equation Modeling,1999,6(1):1~55.

[176]Hulin,C. L.,Judge,T. A. Job attitudes[A],in Borman,W. C., Ilgen,D. R.,Klimoski,R. J. (Eds.),Handbook of Psychology (Vol. 12): Industrial and Organizational Psychology[C]. Hoboken,NJ:Wiley,2003:

255~276.

[177]Iacobucci, D. Services: What do we know and where shall we go? a view from marketing[J]. Advances in Services Marketing and Management,1998,7(1):1~96.

[178]Iigen, D. R. , Davis, C. A. Bearing bad news: Reactions to negative performance feedback[J]. Applied Psychology: An International Review,2000,49(3):550~565.

[179]Ingram, T. N, LaForge, R W, Avila, R A. Sales Management: Analysis and decision[M]. Beijing: Beijing University Press,2006:40.

[180]Ingram, T. N. , Lee, K. S. & Skinner, S. J. An empirical assessment of salesperson motivation, commitment, and job outcomes[J]. Journal of Personal Selling & Sales Management,1989,9(3):25~33.

[181]Isen, A. M. , Levin, P. F. Effect of feeling good on helping: Cookies and kindness[J]. Journal of Personality and Social Psychology,1972,21(3):384~388.

[182]Isen, A. M. Positive affect, accessibility of cognitions and helping[M]. New York: Paper presented at the Eastern Psychological Association Convention,1975.

[183]Isen, A. M. Success, failure, attention, and reaction to others: The warm glow of success[J]. Journal of Personality and Social Psychology,1970,15(4):294~301.

[184]Isen, A. M. , Baron, R. A. Positive affect as a factor in organizational behavior[J]. Research in Organizational Behavior, 1991, 13(1): 1~53.

[185]Isen, A. M. , Clark, M. & Schwartz, M. F. Duration of the effect of good mood on helping: "footprints on the sands of time. "[J]. Journal of Personality and Social Psychology,1976,34(3):385~393.

[186]Isen, A. M. , Horn, N. & Rosenhan, D. L. Effects of success and failure on children's generosity[J]. Journal of Personality and Social Psychology,1973,27(2):239~247.

[187]Joel, S. D. , Gerald, A. F. Economic Incentives in Budgetary Control Systems [J]. The Accounting Review,1978,(2):336~359.

[188]Johnston, R. , Fern, A. Service Recovery Strategies for Single Double Deviation Scenarios[J]. The Service Industries Journal, 1999, 19 (2):69~82.

[189]Jones, S. C. Self and interpersonal evaluations: Esteem theories versus consistency theories[J]. Psychological Bulletin, 1973, 79(2): 185~199.

[190]Joshi, A. W. Longterm relationships, partnerships, and strategic alliances: A contingency theory of relationship marketing[J]. Journal of Marketing Channels, 1995, 4(3): 75~94.

[191]Judge, T. A., Heller, D. & Klinger, R. The dispositional sources of job satisfaction: A comparative test[J]. Applied Psychology: An International Review, 2008, 57(3): 361~372.

[192]Judge, T. A., Van Vianen, A. E. M. & De Pater, I. Emotional stability, core self-evaluations, and job outcomes: A review of the evidence and an agenda for future research[J]. Human Performance, 2004, 17(3): 325~346.

[193]Kahn, W. A. Psychological conditions of personal engagement and disengagement at work[J]. Academy of Management Journal, 1990, 33(4): 692~724.

[194]Kallgren, C. A., Reno, R. R. &Cialdini, R. B. A focus theory of normative conduct: When norms do and do not affect behavior[J]. Personality and Social Psychology Bulletin, 2000, 26: 1002~1012.

[195]Kanfer, R. Work motivation: New directions in theory and research[A], in Cooper, C. L. & Robinson, I. T. (Eds.), International review of industrial and organizational psychology[C]. London: Wiley, 1992: 1~53

[196]Kanfer, R., Heggestad, E. D. Motivational traits and skills: A personcentered approach to work motivation[J]. Research in Organizational Behavior, 1997, 19: 1~56.

[197]Kano, N. Attractive quality and must be quality[J]. Quality, 1984, 14(2): 147~156.

[198]Karatepe, O. M., Uludag, O., Menevis, I., Hadzimehmedagic, L. & Baddar, L. The effects of selected individual characteristics on frontline employee performance and job satisfaction[J]. Tourism Management, 2006, 27(4): 547~560.

[199]Katz, D., Kahn, R. L. The social psychology of organization[M]. New York: Wiley, 1966.

[200]Katz, D. The motivational basis of organizational behavior[J].

Behavioral Science,1964,9(1):131~133.

[201]Kaufmann,G. The effect of mood on creativity in innovation process [A],in Shavinina,L. V. (Ed.),The international handbook on innovation[C]. Oxford,U. K. :Elsevie Science,2003:191~203.

[202]Kaufman,J. D. ,Stamper,C. L. & Tesluk,P. E. Do supportive organizations make for good corporate citizens? [J]. Journal of Managerial Issues,2001,13(4):436~449.

[203]Kaufman,P. J. ,Stern,L. W. Relational exchange norms,perceptions of unfairness and retained hostility in commercial litigation[J]. Journal of Conflict Resolution,1988,32(3):534~552.

[204]Kelley,S. W. Developing customer orientation among service employee[J]. Journal of the Academy of Marketing Science,1992,20(Winter):27~36.

[205]Kelley,S. W. ,Donnelly,J. J. H. ,Skinner,S. J. Customer participation in service production and delivery[J]. Journal of Retailing,1990,66(3):315~335.

[206]Kellogg,D. L. ,Youngdahl,W. E. & Bowen,D. E. On the relationship between customer participation and satisfaction:Two frameworks [J]. International Journal of Service Industry Management,1997,8 (3):206~219.

[207]Klein,H. J. An integrated control theory model of work motivation [J]. Academy of Management Review,1989,14(2):150~172.

[208]Kohli,A. K. Some unexplored supervisory behaviors and their influence on sales people's role clarity, specific self-esteem, job satisfaction,and motivation[J]. Journal of Marketing Research,1985,22(Nov):424~433.

[209]Koiranen,M. Custopreurship coalitions in relationship marketing[A],in Nasi,J. (Ed.),Understanding stakeholder thinking[C]. Helsinki:LSR Publishcations,1995:184~194.

[210]Konovsky, M. A. , Paug, S. D. Citizenship behavior and social exchange[J]. Academy of Management Journal,1994,37(3):656~669.

[211]Kozlowski,S. J. ,Bell,B. S. Work groups and teams in organization[A], in Borman, W. C. , Iigen, D. R. & Klimoski, R. J. (Eds.),Handbook of Psychology[C]. New York:Wiley,2003:333~375.

[212]Krishnan,B. C. ,Netemeyer,R. G. & Boles,J. S. Self-efficacy,

competitiveness,and effort as antecedents of salesperson performance[J]. Journal of Personal Selling and Sales Management,2002,22(4):285~295.

[213]Lakin,J. L. ,Chartrand,T. L. Using non-conscious behavioral mimcry to create affiliation and rapport[J]. Psychological Science,2003,14 (July):334~339.

[214]Lal,R. ,Outland,D. & Staelin,R. Sales force compensation plans:An empirical test of the agency theory framework[J]. Marketing Letters,1994,5(2):117~130.

[215]Langdon,S. W. Conceptualizations of respect:Qualitative and quantitative evidence of four(five) themes[J]. The journal of psychology,2007,141(5):569~484.

[216]Lavelle,J. J. ,Rupp,D. E. & Brockner,J. Taking a multi-foci approach to the study of justice,social exchange,and citizenship behavior: The target similarity model[J]. Journal of Management,2007, 33 (6): 841~866.

[217]Lawler,E. J. An affect theory of social exchange [J]. American Journal of Sociology,2001,107(2):321~352.

[218]Lee,D. R. Who says money cannot buy happiness? [J]. The Independent Review,2006,10(3):365~400.

[219]Lengnick Hall,C. A. Customer contributions to quality:A different view of the customer-oriented firm[J]. Academy of Management Review,1996,21(3):791~824.

[220]Lester,S. W. ,Turnley,W. R. ,Bloodgood,J. M. & Bolino,M. C. Not seeing eye to eye:Differences in supervisor and subordinate perceptions of and attributions for psychological contract breach[J]. Journal of Organizational Behavior,2002,23(1):39~56.

[221]Lincoln,J. R. ,McBride,K. Resources,homophily,and dependence:Attitudes and asymmetric ties in human service networks[J]. Social Science Research,1985,14(1):1~30.

[222]Linda,R. ,Stephen,A. Affective commitment of the organization:The contribution of perceived organizational support[J]. Journal of Applied Psychology,2001,86(5):825~836.

[223]Lin,M. Q. ,Huang,L. S. ,Chiang,Y. F. The moderating effects of gender roles on service emotional contagion[J]. The Service Industries Journal,2008,28(6):755~767.

[224] Liu, Y. W. Perceived organizational support and expatriate organizational citizenship behavior: The mediating role of affective commitment toward the parent company[J]. Personnel Review, 2009, 38(3): 307~319.

[225] Lloyd, A. E. The Role of culture on customer participation in services [D]. Hong Kong: Hong Kong Polytechnic University, 2003.

[226] Locke, E. A., Lathame, G. P. A theory of goal setting and task performance[M]. Englewood Cliffs, NJ: Prentice-Hall, 1990.

[227] Lok, P., Crawford, J. Antecedents of organizational commitment and the mediating role of job satisfaction[J]. Journal of Managerial Psychology, 2001, 16(8): 594~613.

[228] Luhtanen, R., Crocker, J. A collective self-esteem scale: Self-evaluation of one's social identity[J]. Personality and Social Psychology Bulletin, 1992, 18: 302~318.

[229] Luo, X., Homburg, C. Neglected outcomes of customer satisfaction[J]. Journal of Marketing, 2007, 71(April): 133~149.

[230] Lusch, R. F., Serpkenci, R. R. Personal differences, job tension, job outcomes, and store performance: A study of retail store managers[J]. Journal of Marketing, 1990, 54(January): 85~101.

[231] Luthans, F. Positive organizational behavior: Developing and managing psychological strengths[J]. Academy of Management Executive, 2002, 16(1): 57~72.

[232] Luomala, H., Laaksonen, M. Contributions from mood research [J]. Psychology and Marketing, 2000, 17(3): 195~233.

[233] Luthans, F., Avey, J. B. & Patera, J. L. Experimental analysis of a web-based training intervention to develop positive psychological capital [J]. Academy of Management Learning & Education, 2008, 7(2): 209~221.

[234] Luthans, F., Norman, S. M., Avolio, B. J. & Avey, J. B. The mediating role of psychological capital in the supportive organizational climate-employee performance relationship[J]. Journal of Organizational Behavior, 2008, 29(2): 219~238.

[235] Luthans, F., Kreitner, R. Organizational behavior modification and beyond: An operant and social learning approach[M]. Glenview, IL: Scott, Foresman and Co., 1984: 245.

[236] Macintosh, G., Lockshin, L. S. Retail relationships and store loyalty: A multi-level perspective. International [J]. Journal of Research in Marketing, 1997, 5(December): 487~497.

[237] Mackenzie, S. B., Podsakoff, P. M. & Rich, G. A. Transformational and transacttional leader ship and salesperson performance[J]. Journal of the Academy of Marketing Science, 2001, 29(2): 115~134.

[238] MacKenzie, S. B., Podsakoff, P. M. & Ahearne, M. Some possible antecedents and consequences of in role and extra role salesperson performance[J]. Journal of Marketing, 1998, 62(3): 87~98.

[239] Malhotra, N., Budhwar, P. & Prowse, P. Linking rewards to commitment: An empirical investigation of four UK call centers[J]. International Journal of Human Resource Management, 2007, 18(12): 2095~2127.

[240] Markley, M., Davis, L. Customer participation strategies and associated goals: A qualitative investigation [J]. Advances in Consumer Research, 2006, 33(1): 419~420.

[241] Maslow, A. Motivation and personality[M]. New York: Harper & Row, 1954.

[242] Mathieu, J. E. A cross level non-recursive model of the antecedents of organizational commitment and satisfaction[J]. Journal of Applied Psychology, 1991, 76(5): 607~618.

[243] Mathew, J., Ogbonna, E. Organizational culture and commitment: A study of an Indian software organization[J]. The International Journal of Human Resource Management, 2009, 20(3): 654~675.

[244] Matzler, K., Fuchs, M. & Schubert, A. K. Employee satisfaction: Does Kano's model apply? [J]. Total Quality Management, 2004, 15(9~10): 1179~1198.

[245] Matzler, K., Renzl, B. Personality traits, employee satisfaction and affective commitment[J]. Total Quality Management, 2007, 18(5): 589~598.

[246] Mayer, R. C., Schoorman, F. D. Predicting participation and production outcomes through a two-dimensional model of organizational commitment[J]. Academy of Management Journal, 1992, 35(3): 671~684.

[247] McCarthy, J. E., Perreault, J. W. D. Basic marketing. 11th edition[M]. Boston, MA: Richard D. Irwin, Inc., 1993.

[248] McClelland, D. C. The achieving society[M]. Princeton, N. J.: Van Nostrand,1961:43.

[249] McClelland, D. C. Human motivation[M]. New York: Cambridge University Press,1987.

[250]McClelland,D. C.,Burnham,D. H. Power is the great motivator [J]. Harvard Business Review,1995,73(1):126~139.

[251]McNeely,B. L.,Meglino,B. M. The role of dispositional and situational antecedents in prosocial organizational behavior: An examination of the intended beneficiaries of prosocial behavior[J]. Journal of applied psychology,1994,79(6):836~844.

[252]Meglino,B. F.,Korsgaard,M. A. Considering rational self-interest as a disposition: Organizational implications of other orientation[J]. Journal of Applied Psychology,2004,89(6):946~959.

[253]Mehrabian, A.,de Wetter, R. Experimental test of an emotion-based approach to fitting brand names to products[J]. Journal of Applied Psychology,1987,72(1):125~130.

[254]Mehrabian, A., Russell, J. A. A verbal measure of information rate for studies in environmental psychology[J]. Environment and Behaviour,1974,6(1):233~252.

[255] Myers, D. G. Social Psychology[M]. Boston: The Graw-Hill Companies,Inc.,1997:125~271.

[256]Meyer,J. D.,Gayle,M. E. & Harman,A. K. Toward a better specification of the mood-congruency effect in recall[J]. Journal of Experimental Social Psychology,1990,26(6):465~480.

[257]Meyer,J. P.,Allen,N. J. Commitment in the workplace: Theory,research,and application[M]. Thousand Oaks,CA:Sage,1997.

[258]Meyer,J. P.,Allen,N. J. & Smith,C. A. Commitment to organizations and occupations: Extension and test of a three-component conceptualization[J]. Journal of Applied Psychology,1993,78(4):538~551.

[259]Meyer,J. P.,Herscovitch,L. Commitment in the workplace: Toward a general model[J]. Human Resource Management Review,2001,11 (3):299~326.

[260]Meyer,J. P.,Paunonen,S. V.,Gellatly,I.,Goffin,R. & Jackson,D. Organizational commitment and job performance: It's the nature of the commitment that counts[J]. Journal of Applied Psychology,1989,74

(1):152~156.

[261]Meyer,J. P. ,Stanley,D. J. ,Herscovitch,L. & Topolnytsky,L. Affective,continuance,and normative commitment to the organization:A meta-analysis of antecedents,correlates,and consequences[J]. Journal of Vocational Behavior,2002,61(1):20~52.

[262]Meyer,R. C. ,Schoorman,F. D. Predicting participation and production outcomes through a two-dimensional model of organizational commitment[J]. Academy of Management Journal,1992,35(3):671~684.

[263]Moday,R. T. ,Porter,L. W. ,Stress,R. M. Employee organization linkages the psychology of commitment,absenteeism and turnover [M]. New York:Academic Press,1982.

[264]Moday,R. T. ,Stress,R. M. ,Porter,L. W. The measurement of organizational commitment[J]. Journal of Vocational Behavior,1979,14 (1):224~247.

[265]Mohr,L. A. ,Bitner,M. J. The role of employee effort in satisfaction with service transactions[J]. Journal of Business Research,1995,32 (1):239~252.

[266]Moller,K. ,Halinen,A. Relationship marketing theory:Its roots and direction[J]. Journal of Marketing Management,2000,16(1):29~54.

[267]Moorman,R. H. Relationship between organizational justice and organizational citizenship behaviors:Do fairness perceptions influence employee citizenship? [J]. Journal of Applied Psychology, 1991, 76 (6): 845~855.

[268]Moorman,R. H. ,Blakely,G. L. & Niehoff,B. P. Does perceived organizational support mediate the relationship between procedural justice and organizational citizenship behavior? [J]. Academy of Management Journal,1998,41(3):351~357.

[269]Moorman,R. H. ,Niehoff,B. P. & Organ,D. W. Treating employees fairly and organizational citizenship behavior:Sorting the effects of job satisfaction,organizational commitment,and procedural justice[J]. Employee Responsibilities and Rights Journal,1993,6(3):209~225.

[270]Morris,J. D. ,Woo,C. ,Geason,J. A. ,Kim,J. The power of affect:Predicting intention[J]. Journal of Advertising Research,2002,42 (May~June):7~18.

[271]Morrison,E. W. Role definitions and organizational citizenship

behavior:The importance of the employee's perspective[J]. Academy of Management Journal,1994,37(6):1543~1567.

[272]Morrison,E. W,Robinson,S. L. When employees feel betrayed: a model of how psychological contract violation develops[J]. Academy of Management Review,1997,22(1):226~256.

[273]Motowidlo,S. J. ,Packard,J. S. & Manning,M. R. Occupational stress:Its causes and consequences for job performance[J]. Journal of Applied Psychology,1986,71(4):618~629.

[274]Mowday,R. T. ,Steers,R. M. ,Porter,L. W. Employee-organization linkages[M]. New York:Academy Press,1979:27.

[275]Murray,K. ,Schlacter,J. The impact of services versus goods on consumers' assessment of perceived risk and variability[J]. Journal of the Academy of Marketing Science,1990,18(1):51~65.

[276]Murray,S. L. ,Holmes,J. G. & Griffin,D. W. Self-esteem and the quest for felt security: How perceived regard regulate attachment process[J]. Journal of Personality and Social Psychology,2000,78(3):478~498.

[277]Murray,S. L. ,Holmes,J. G. & Griffin,D. W. The self-fulfilling nature of positive illusion in romantic relationships:love is not blind, but prescient[J]. Journal of personality and social psychology,1996,71(6):1155~1180.

[278]Myers,D. W. ,Johnston,W. R. & Pearce,C. G. The role of human interaction theory in developing models of performance appraisal feedback[J]. Advanced Management Journal,56(3):28~34.

[279]Netemeyer,R. G. ,Boles,J. S. ,Mckee,D. O. & McMurrian,R. An investigation into the antecedents of OCB in a personal selling context[J]. Journal of Marketing,1997,61(3):85~98.

[280]Netemeyer,R. G. ,Maxham Ⅲ,J. G. Employee versus supervisor ratings of performance in the retail customer service sector:Differences in predictive validity for customer outcomes[J]. Journal of Mentaling,2007,83(1):131~145.

[281]Neumann,R,Strack,F. Mood contagion:The automatic transfer of mood between persons[J]. Journal of Personality and Social Psychology,2000,79(2):211~223.

[282]Nordstorm,R. ,Hall,R. V. ,Lorenzi P. & Delquadri,J. Organi-

zational behavior modification in the public sector[J]. Journal of Organizational Behavior Management,1988,9(2):91~112.

[283]Norris Watts,C., Levy,P. E. The mediating role of affective commitment in the relation of the feedback environment to work outcomes [J]. Journal of Vocational Behavior,2004,65(3):351~365.

[284]North,D. C. Institutions, Institutional Change and Economic Performance[M]. Cambridge:Cambridge University Press,1990.

[285]Oatley,K.,Johnson Laird,P. N. Towards a cognitive theory of emotions[J]. Cognition and Emotion,1987,1(1):29~50.

[286]O'Hara,B.,Bloes,J. S. & Johnston,M. W. The influence of personal variables on salesperson selling orientation[J]. Journal of Personal Selling & Sales Management,1991,11(1):61~67.

[287]Oldham,G. R.,Hackman,J. R. & Stepins,L. P. Norms for the job diagnostic survey[J]. JSAS Catalog Selected Documents in Psychology,1979,9(1):14.

[288]Organ,D. W. A restatement of the satisfaction-performance hypothesis[J]. Journal of Management,1988b,14(4):547~557.

[289]Organ,D. W. Organizational citizenship behavior:It's construct clear-up time[J]. Human Performance,1997,10(2):85~97.

[290]Organ,D. W. Organizational citizenship behavior and the good soldier[A],in Rumser,M. G.,Walker,C. & Harris,B. (Eds.),Personnel Selection and Classification[C]. Hillsdale,NJ:Lawrence Erlbaum Association,Inc,1994:53~67.

[291]Organ,D. W. Organizational citizenship behavior:The good soldier syndrome[M]. Lexington,MA:Lexington Books,1988a:101.

[292]Organ,D. W. The motivational basis of organizational citizenship behavior [J]. Research in Organizational Behavior, 1990, 12 (1): 43~72.

[293]Organ,D. W.,Lingle,A. Personality,satisfaction and organizational citizenship behavior[J]. Journal of Social Psychology,1995,135(3):339~350.

[294]Organ,D. W.,Konovsky,M. A. Cognitive versus affective determinants of organizational citizenship behavior[J]. Journal of Applied Psychology,1989,74(1):157~164.

[295]Organ,D. W.,Ryan,K. A meta-analytic review of attitudinal

and dispositional predictiors of organizational citizenship behavior[J]. Personnel Psychology,1995,48(4):775~802.

[296]Parker,C. P.,Baltes,B. B.,Young,S. A.,Huff,J. W.,Altmann,R. A.,Lacost,H. A. & Roberts,J. E. Relationships between psychological climate perceptions and work outcomes: a metaanalytic review [J]. Journal of Organizational Behavior,2003,24(4):389~416.

[297]Payne,A. F.,Storbacha,K. & Frow,P. Managing the cocreation of value[J]. Journal of the Academy of Marketing Science,2008,36(1):83~96.

[298]Payne,R. L. & Cooper,G. L. Emotions at work[M]. New York: Wiley,2001.

[299]Peelle Ⅲ,H. E. Reciprocating perceived organizational support through citizenship behaviors[J]. Journal of Managerial Issues,2007,110(4):554~575.

[300]Pierce,J. L.,Dunham,R. B. Organizational commitment: Preemployment propensity and initial work experience[J]. Journal of Management,1987,13(1):163~178.

[301]Piercy,N.,Morgan,N. Internal marketing the missing half of the marketing program[J]. Long Range Planning,1991,24(2):82~93.

[302]Piliai,R.,Schriesheim,C. A. & Williams,E. S. Fairness perceptions and trust as mediators for transformational and transactional leadership: A two-sample study[J]. Journal of Management,1999,25(6):897~993.

[303]Pinel,E. C.,Paulin,N. Stigma consciousness at work[J]. Basic and Applied Social Psychology,2005,27(4):345~352.

[304]Podolny,J. M.,Baron,J. N. Resources and relationships: Social networks and mobility in the workplace[J]. American Sociological Review,1997,62(5):673~693.

[305]Podsakoff,P. M.,MacKenzie,S. B. Citizenship behaviors and managerial evaluations of employee performance: A review and suggestions for future research[J]. Employee Responsibilities and Rights Journal,1993,6(3):257~268.

[306]Podsakoff,P. M.,MacKenzie,S. B. Organizational citizenship behavior and sales unit effectiveness[J]. Journal Marketing Research,1994,31(3):351~363.

[307] Podsakoff, E., MacKenzie, J., Paine, J. & Bachrach, D. Organizational citizenship behaviors: A critical review of the theoretical and empirical literature and suggestions for future research[J]. Journal of Management, 2000, 26(3):513~563.

[308] Podsakoff, P. M., MacKenzie, S. B., Lee, J. Y. & Podsakoff, N. P. Common method biases in behavioral research: A critical review of the literature and recommended remedies[J]. Journal of Applied Psychology, 2003, 88(5):879~903.

[309] Porter, M., Steers, R., Mowday, R. & Boulian, P. Organizational commitment, job satisfaction, and turnover among psychiatric technicians[J]. Journal of Applied Psychology, 1974, 59(5):603~609.

[310] Pousette, A., Jacobsson, C., Thylefors, I., Hwang, C. P. The role of feedback in Swedish human service organizations[J]. Community, Work & Family, 2003, 6(3):245~269.

[311] Prentice, D. A., Miller, D. T. Pluralistic ignorance and alcohol use on campus: Some consequences of misperceiving the social norm[J]. Journal of Personality and Social Psychology, 1993, 64(2):234~256.

[312] Price, L. L., Arnould, E. J. Commercial friendship: Service provider-client relationship in context[J]. Journal of Marketing, 1999, 63(4): 38~56.

[313] Pugh, S. D. Service with a smile: emotional contagion in the service encounter[J]. Academy of management Journal, 2001, 44(5): 1018~1027.

[314] Pyszczynski, T., Greenberg, J., Solomon, S. Why do we need what we need? a terror management perspective on the roots of human social motivation[J]. Psychological Inquiry, 1997, 8(1):1~20.

[315] Rabin, M. Incorporating fairness into game theory and economics[J]. America Economic Review, 1993, 83(5):1281~1302.

[316] Rafiq, M., Ahmed, P. K. The scope of internal marketing: Defining the boundary between marketing and human resource management [J]. Journal of Marketing Management, 1993, 9(3):219~232.

[317] Randall, D. M., O'Driscoll, M. P. Affective versus calculative commitment: Human resource implications[J]. The Journal of Social Psychology, 1997, 137(5):606~617.

[318] Raymond, L., Ngo, H. Y. & Foley, S. Linking employees' jus-

tice perceptions to organizational commitment and intention to leave: The mediating role of perceivedorganizational support[J]. Journal of Occupational and Organizational Psychology,2006,79(1):101~120.

[319]Redman, T. , Snape, E. Unpacking commitment: Multiple loyalties and employee behavior[J]. Journal of Management Studies,2005,42(2):301~330.

[320]Regan, D. T. Effects of a favor and liking on compliance[J]. Journal of Experimental Social Psychology,1971,7(6):627~639.

[321]Reidenbach, R. E. , Sandifer Smallwood, B. Exploring perceptions of hospital operations by a modified SERVQUAL approach[J]. Journal of Health Care Marketing,1990,10(4):47~55.

[322]Restubog, S. L. D. , Bordia, P. , Tang, R. L. Effects of psychological contract breach on performance of IT employees: The mediating role of affective commitment[J]. Journal of Occupational and Organizational Psychology,2006,79(2):299~306.

[323]Rhoades, L. , Eisenberger, R. Perceived organizational support: A review of the literature[J]. Journal of Applied Psychology,2002,87(4):698~714.

[324]Rhoades, L. , Eisenberger, R. , Armeli, S. Employee commitment to the organization: The contribution of perceived organizational support [J]. Journal of Applied Psychology,2001,86(5):825~836.

[325]Robinson, L. M. , Berl, R. L. What about compliments: A follow-up study on customer complaints and compliments[A], in Hunt, H. K. and Day, R. L. (Eds.), Refining concepts and measures of consumer satisfaction and complaining behavior[C]. Bloomington, IN: Indiana University, 1980:144~148.

[326]Robinson, S. C, Morrison, E. W. The development of psychological contract breach and violation: A longitudinal study[J]. Journal of Organizational Behavior,2000,21(5):525~546.

[327]Robbins, S. P. Organizational Behavior(9th edition)[M]. 北京: 清华大学出版社,Prentice Hall,2001:113.

[328]Robinson, T, Berridge, K. The neural basis of drug craving: An incentive sensitization theory of addiction[J]. Brain Research Reviews, 1993,18(1):247~291.

[329]Rosen, C. C. , Levy, P. E. & Hall, R. J. Placing perceptions of

politics in the context of the feedback environment, employee attitudes, and job performance[J]. Journal of Applied Psychology, 2006, 91(1): 211~220.

[330] Rupp, D. E. , Spencer, S. When customers lash out: The effects of customer interaction injustice on emotional labor and the mediating role of discrete emotions[J]. Journal of Applied Psychology, 2006, 91(4): 971~978.

[331] Russell, J. A. , Pratt, G. A description of the affective quality attributed to environments[J]. Journal of Personality and Social Psychology, 1980, 38(August): 311~322.

[332] Ryan, A. M. , Schmit, M. J. , Johnson, R. Attitudes and Effectiveness: Examining Relations at an Organizational Level[J]. Personnel Psychology, 1996, 49(4): 853~882.

[333] Ryan, R. M. , Grolnick, W. S. Origins and pawns in the classroom: Self-report and projective assessments of individual differences in children's perceptions[J]. Journal of Personality and Social Psychology, 1986, 50(3): 550~558.

[334] Ryan, R. M. , Stiller, J. & Lynch, J. H. Representations of relationships to teachers, parents, and friends as predictors of academic motivation and self-esteem [J]. Journal of Early Adolescence, 1994, 14: 226~249.

[335] Sager, J. K. , Johnston, M. W. Antecedents and outcomes of organizational commitment: A study of salespeople[J]. Journal of Personal Selling & Sales Management, 1989, 9(1): 30~41.

[336] Saks, A. M. Longitudinal field investigation of the moderating and mediating effects of self-efficacy on the relationship between training and newcomer adjustment[J]. Journal of Applied Psychology, 1995, 80(2): 211~225.

[337] Sawhney, M. S. , Balasubramanian, S. , Krishnan, V. V. Creating growth with services[J]. MIT Sloan Management Review, 2004, (Winter): 34~43.

[338] Schappe, S. P. The influence of Job performance, organizational commitment, and fairness perceptions on organizational citizenship behavior[J]. The Journal of Psychology, 1998, 132(3): 277~290.

[339] Schmidt, A. M. , Ford, J. K. Learning within a learner control

training environment: The interactive effects of goal orientation and meta-cognitive instruction on learning outcomes[J]. Personnel Psychology, 2003,56(2):405~429.

[340]Schnake,M. Organizational citizenship:A review proposed model and research agenda[J]. Human Relations,1991,44(7):735~759.

[341]Schneider, B. Organizational climates: An essay[J]. Personnel Psychology,1975,28(4):447~479.

[342]Schneider,B. ,Alderfer,C. P. Three studies of measures of need satisfaction in organizations[J]. Administrative Science Quarterly,1973,18(4):489~505.

[343]Schwarz,N. Situated cognition and the wisdom of feelings:Cognitive tuning[A],in Barrett, L. F. & Salovey, P. (Eds.), The wisdom in feelings[C]. New York:Guilford,2000:144~166.

[344]Schwarz,N. ,Clore,G. L. Mood as information[J]. Psychological Inquiry,2003,14(3/4):296~303.

[345] Scholl, R. W. Differentiating organizational commitment from expectancy as a motivating force[J]. Academy of Management Review, 1981,6(4):589~599.

[346]Sedikides, C. Assessment,enhancement,and verification determinants of the self-evaluation process[J]. Journal of Personality and Social Psychology,1993,65(2):317~338.

[347] Seligman,M. E. P. & Csikszentmihalyi, M. Positive psychology [J]. American Psychologist,2000,55(1):5~14.

[348]Settoon,R. P. ,Bennett, N. ,Liden,R. C. Social exchange in organizations: Perceived organizational support, leader-member exchange, and employee reciprocity[J]. Journal of Applied Psychology,1996,81(3):219~227.

[349]Shore,L. M. ,Barksdate, K. & Shore, T. H. Managerial perceptions of employee commitment to the organization[J]. Academy of Management Journal,1995,38(6):1593~1615.

[350]Shostack,G. L. Breaking free from product marketing[J]. Journal of Marketing,1977,41(2):73~81.

[351] Silpskit, P. , Fisk, R. P. Participating the service encounter: A theoretical Framework[A],in Bloch, T. M. ,Upah,G. D. ,Zeithmal, V. A. (Eds.),Services marketing in a changing environment[C]. Chicago:Amer-

ican Marketing Association,1985:117~121.

[352]Simon,B. Sturmer,S. Respect for group members: intragroup determinants of collective identification and group-serving behavior[J]. Personality and Social Psychology Bulletin,2003,29,183~193.

[353]Simons,T. ,Roberson,Q. Why Managers should care about fairness:The effects of aggregate justice perceptions on organizational outcomes[J]. Journal of Applied Psychology,2003,88(3):432~443.

[354]Skinner,B. F. Reflections on behaviorism and society[M]. Englewood Cliffs:NJ,Prentice Hall,1978.

[355]Slater,P. E. Role differentiation in small groups[J]. American Sociological Review,1955,20(3):300~310.

[356]Smith,C. A. ,Organ,D. W. ,Near,J. P. Organizational citizenship behavior:Its nature and antecedents[J]. Journal of Applied Psychology,1983,68(4):653~663.

[357]Somech,A. ,Drach Zahavy,A. Understanding extra role behavior in schools:The relationships between job satisfaction,sense of efficacy, and teachers' extra role behavior[J]. Teaching and Teacher Education, 2000,16(4):649~659.

[358]Song,Z. L. ,Fop,M. D. ,Uy,M. A. Mood spill over and crossover among dualearner couples: A cell phone event sampling study[J]. Journal of Applied Psychology,2008,93(2):443~452.

[359]Sparrowe,R. T. & Liden,R. C. Process and structure in leader-member exchange[J]. Academy of Management Review, 1997, 22(4): 522~552.

[360]Srivastava,R. K. ,Alpert,M. I. & Shocker,A. D. A customer-oriented approach for determining market structures[J]. Journal of Marketing,1984,48(Spring):32~45.

[361]Steelman,L. A. ,Levy,P. E. & Snell,A. F. The feedback environment scale (FES): construct definition, measurement and validation [J]. Educational & Psychological Measurement,2004,64(1):165~184.

[362]Steers,R. M. Antecedents and outcomes of organizational commitment[J]. Administrative Science Quarterly,1977,22(March):46~56.

[363]Storbacka,K. Segmentation based on customer profitability-retrospective analysis of retail bank customer bases[J]. Journal of Marketing Management,1997,13(5):479~492.

[364] Stumpp, T. Expanding the link between core self-evaluations and affective job attitudes[J]. European Journal of Work and Organizational Psychology, 2009, 18(2): 148~166.

[365] Sutton, R. I. Maintaining norms about expressed emotions: The case of bill collectors[J]. Administrative Science Quarterly, 1991, 36(2): 245~268.

[366] Swailes, S. Organizational commitment: A critique of the construct and measurement[J]. International Journal of Management Reviews, 2002, 4(1): 155~178.

[367] Swan, J. E., Oliver, R. L. Postpurchase communications by consumers[J]. Journal of retailing, 1989, 65(4): 516~533.

[368] Tan, M., Teo, T. S. H. Factors influencing the adoption of internet banking[J]. Journal of the Association for Information System, 2000, 1(1): 1~42.

[369] Tax, S. S., Brown, S. W. Recovering and learning from service failure[J]. Sloan Management Review, 1998, 40(1): 75~88.

[370] Taylor, S., Levy, O., Boyacigiller, N. A. & Beechler. S. Employee commitment in MNCs: Impacts of organizational culture, HRM and top management orientations[J]. The International Journal of Human Resource Management, 2008, 19(4): 501~527.

[371] Tepper, B. J. Consequences of abusive supervision[J]. Academy of Management Journal, 2000, 43(2): 178~190.

[372] Testa, M. R. Organizational commitment, job satisfaction, and effort in the service environment[J]. The Journal of Psychology, 2001, 135(2): 226~236.

[373] Todd Donavan, D., Brown, T. J. & Mowen, J. C. Internal benefits of service-worker customer orientation: Job satisfaction, commitment, and organizational citizenship behaviors[J]. Journal of Marketing, 2004, 68(Jan): 128~146.

[374] Turban, D. B., Stevens, C. K. & Lee, F. K. Effects of conscientousness and extraversion on new labor market entrants' job search: the mediating role of metacognitive activities and positive emotions[J]. Personnel Psychology, 2009, 62(3): 553~573.

[375] Tyler, T., Lind, A. A relational model of authority in groups[J]. Advances in Experimental Social Psychology, 1992, 25(1): 115~191.

[376] Tyler, T. R. Why people cooperate with organizations: An identity-based perspective[A], in Sutton, R. I., Staw, B. M. (Eds.), Research in organizational behavior[C]. Greenwich, CT: JAI Press, 1999: 201~247.

[377] Tzokas, N., Saren, M. Relationship marketing in consumer markets: From the private to the communal[A], in Verbecke, W. & Weitz, B. (Eds.), 1996 EIIASM Seminar on relationship marketing in an era of hyper-competition[C]. Rotterdam: Erasmus University, 1996: 1~10.

[378] Tzokas, N., Saren, M. & Kyziridis, P. Aligning sales management and relationship marketing in the service sector[J]. The Service Industries Journal, 2001, 21(1): 195~210.

[379] Van Dyne, L., LePine, J. A. Helping and voice extra role behaviors: Evidence and construct and predictive validity[J]. Academy of Management Journal, 1998, 41(1): 108~119.

[380] Vallerand, R. J., Bissonnette, R. Intrinsic, extrinsic, and motivational styles as predictors of behavior: A prospective study[J]. Journal of Personality, 1992, 60: 599~620.

[381] Vallerand, R. J., Reid, G. On the causal effects of perceived competence on intrinsic motivation: A test of cognitive evaluation theory [J]. Journal of Sport Psychology, 1984, 6(1): 94~102.

[382] Van de Walle, D., Cron, W. L., Slocum, J. W. The role of goal orientation following performance feedback[J]. Journal of applied psychology, 2001, 86(4): 629~640.

[383] Van Emmerik, I. J. H., Jawahar, I. M., Stone, T. H. Associations among altruism, burnout dimensions, and organizational citizenship behaviour[J]. Work & Stress, 2005, 19(1): 93~100.

[384] Van Dyne, L., Graham, J. W. & Dienesch, R. M. OCB: Construct redefinition, measurement, and validation[J]. Academy of management Journal, 1994, 37(4): 765~802.

[385] Vargo, S. L., Lusch, R. F. Evolving to a new dominant logic for marketing[J]. Journal of Marketing, 2004, 68(1): 1~17.

[386] VaYperen, N. W., Van de Berger, A. E., Willering, M. C. Towards a better understanding of the link between participation in decision-making and organizational citizenship behavior: A multilevel analysis[J]. Journal of Occupational and Organizational Psychology, 1999, 72(3): 377~392.

[387]Vey, M. A. , Campbell, J. P. In role or extra role organizational citizenship behavior: Which are we measuring? [J]. Human Performance, 2004,17(1):119~135.

[388]Vigoda Gadot, E. , Angert, L. Goal setting, job feedback, and OCB: Lessons from a longitudinal study[J]. Basic and Applied Social Psychology,2007,29(2):119~128.

[389]Waldersee, R. , Luthans, F. The impact of positive and corrective feedback on customer service performance[J]. Journal of Organizational Behavior,1994,15(1):83~95.

[390]Walker, O. C. , Churchill, G. A. J. , Ford, N. M. Motivation and performance in industrial selling: Present knowledge and needed research [J]. Journal of Marketing Research,1977,14(May):156~168.

[391]Walumbwa, F. , Wu. , C. , Orwa, B. Contingent reward transactional leadership, work attitudes, and organizational behavior: The role of procedural justice climate perceptions and strength[J]. Leadership Quarterly,2008,19(3):251~265.

[392]Wang, M. L. What makes a good citizen in service settings? [J]. The Service Industries Journal,2009,29(5):621~634.

[393]Wang, M. S. , Chen, C. C, Chang, S. C. & Yang, Y. H. Effects of online shopping attitudes, subjective norms and control beliefs on online shopping intentions: A test of the theory of planned behaviour[J]. International Journal of Management,2007,24(2):296~302.

[394]Wayne, S. J. , Shore, L. M. , Bommer, W. H. & Terrick, L. E. The role of fair treatment and rewards in perceptions of organizational support and leader member exchange[J]. Journal of Applied Psychology, 2002,87(3):590~598.

[395]Wayne, S. J. , Shore, L. M. , Liden, R. C. Perceived organizational support and leader-member exchange: A social exchange perspective[J]. Academy of Management Journal,1997,40(1):82~111.

[396]Webster, F. E. J. The changing role of marketing in the corporation[J]. Journal of Marketing,1992,56(October):1~17.

[397]Weiss, H. M. , Russell, C. Affective events theory: A theoretical discussion of the structure, causes and consequences of affective experience at work[J]. Research in Organizational Behavior,1996,18(1):1~74.

[398]Wels Lips, I. , Van der Ven, M. & Peiters, R. Critical service di-

mensions: An empirical investigation across six industries[J]. International Journal of Service Industry Management,1998,9(3):286~309.

[399]Wiener,Y. Commitment in organizations:a normative view[J]. Academy of Management Review,1982,7(3):418~428.

[400]Williams,L. J., Anderson,S. E. Job satisfaction and organizational commitment as predictors of organizational citizenship and in role behaviors[J]. Journal of Management,1991,17(3):601~617.

[401]Williams,S., Pitre,R. & Zainuba,M. Justice and organizational citizenship behavior intentions:Fair reward Versus fair treatment[J]. The Journal of Psychology,2002,142(1):33~44.

[402]Xanthopoulou,D., Bakker,A. B., Demerouti,E. & Schaufeli, W. B. The role of personal resources in the job demands-resources model [J]. International Journal of Stress Management,2007,14(2):121~141.

[403]YANG,J. X., Diefendorff,J. M. The relations of daily counterproductive workplace behavior with emotions,situational antecedents,and personality moderators:A diary study in Hong Kong[J]. Personnel Psychology,2009,62(2):259~295.

[404]Yi,Y., Nataraajan,R. & Gong,T. Customer participation and citizenship behavioral influences on employee performance, satisfaction, commitment,and turnover intention[J]. Journal of Business Research, 2011,64(1):87~95.

[405]Yoon,M. H., Suh,J. Organizational citizenship behaviors and service quality as external effectiveness of contact employee[J]. Journal of Business Research,2003,56(8):597~611.

[406]Youngdahl,W. E., Kellogg,D. L., Nie,W. & Bowen,D. E. Revisiting customer participation in service encounters:Does culture matter? [J]. Journal of Operations Management,2002,21(1):109~120.

[407] Zajonc,R. B. Feeling and thinking:Preferences need no inferences[J]. American Psychologist,1980,35(1):151~175.

[408]Zeithmal,V. A. How consumer evaluation processes differ between goods and services[A],in Donnelly,J. H. & George,W. R. (Eds.), Marketing of services[C]. Chicago:American Marketing Association, 1981:186~190.

[409]Zhang,H. Y., Agarwal,N. C. The mediating role of organizational justice on the relationships between HR practices and workplace

outcomes:An investigation in China[J]. The International Journal of Human Resource Management,2009,20(3):679~693.

[410]ZHAO,H.,Wayne,S. J.,Glibkowski,B. C.,Bravo,J. The impact of psychological contract breach on work-related outcomes:A meta-analysis[J]. Personnel Psychology,2007,60(3):647~680.

[411]韬睿咨询公司.中国员工敬业度调查[J].当代经理人,2006,(7):102~108.

[412]宋承宪,许强.现代西方经济学(微观经济学)(第三版)[M].上海:复旦大学出版社,2004:520~522.

[413]全国13所高等院校《社会心理学》编写组.社会心理学(第三版)[M].天津:南开大学出版社,2003:157~217.

[414]吴志明,武欣.知识工作团以中组织公民行为对团队有效性的影响作用研究[J].科学学与科学技术管理,2005,26(8):92~96.

[415]朱瑜,凌文辁.组织公民行为理论研究的进展[J].心理科学,2003,26(1):186~187.

[416]林泉,林志扬.国内组织公民行为研究的进展、问题及研究建议[J].经济管理,2008,30(15):74~78.

[417]范秀成.交互过程与交互质量[J].南开管理评论,1999,7(1):18~23.

[418]何德旭.中国服务业报告 No.5[M].北京:社会科学文献出版社,2006.

[419]中华人民共和国国家统计局.中国统计年鉴2009[Z].北京:中国统计出版社,2009:37~46,111~114.

[420]张秀娟,申文果,陈健彬,杜敏.顾客不公平交往行为对员工工作绩效的多层次影响[J].南开管理评论,2008,11(3):96~103.

[421]菲利普·科特勒,凯文·莱恩·凯利,卢泰宏.营销管理[M].卢泰宏,高辉,译.第三版.北京:中国人民大学出版社,2009:299~300.

[422]史蒂文 L.麦克沙恩,玛丽·安·冯·格里诺.组织行为学[M].井润田,王冰洁,赵卫东,译.第三版.北京:机械工业出版社,麦格劳-希尔教育(亚洲)出版公司,2007:141.

[423]理查德 M.雷恩,爱德华 L.德斯.自我决定理论与内在激励、社会发展和幸福感的提高[A],莱曼 W.波特,格雷戈里 A.比格利.激励与工作行为[C].陈学军,谢小云,顾志萍等,译.第七版.北京:中国机械工业出版社,麦格劳-希尔教育(亚洲)出版公司,2006:36~39.

[424]娄雪燕.电信业拆机业务顾客参与与行为意向关系研究[D].南

京:南京理工大学博士论文,2008.

[425]耿先锋.顾客参与测量维度、驱动因素及其对顾客满意的影响机理研究[D].浙江:浙江大学博士论文,2008.

[426]李东进.消费者行为学[M].北京:经济科学出版社,2001:43~45.

[427]张伶,张正堂.内在激励因素、工作态度与知识员工工作绩效[J].经济管理,2008,30(16):39~45.

[428]牛津高阶英汉双解词典[K].第四版.香港:商务印书馆,牛津大学出版社,2001.

[429]吕叔湘.现代汉语词典[K].北京:商务印书馆出版,1996.

[430]朱智贤.心理学大词典[K].北京:北京师范大学出版社,1989:64.

[431]黄芳铭.结构方程模式:理论与应用[M].北京:中国税务出版社,2005:160,279.

[432]许薇薇.儒家文化对中国传统生活习惯的影响[J].中共郑州市委党校学报,2009,8(2):146~148.

附录 本研究的调查问卷

附录1 服务员工版问卷

（附录所显示问卷以教师样本为例，其他样本如医生、美容师、美发师问卷中则相应地把一些词语做更改，如由"在教学工作中"改为"在诊治工作中""在美容工作中""在美发工作中"，等，以便符合语境）

尊敬的各位先生、女士您好，本问卷调查是匿名的，目的是想了解一些与您工作相关的情况，仅做学术研究之用，并保守私密性。请您给予支持。

（1）以下是对最近几个星期以来您在工作中的一些感觉的描述，您在多大程度上同意下面的各项描述？回答以下各题，请在每一题后对应的□内打"√"：1表示最不同意相应描述，2表示很不同意，3表示不太同意，4表示一般，5表示比较同意，6表示非常同意，7表示完全同意。

对下列关于您在工作中感觉的描述，请根据您对下列每项描述的同意程度，在每一题后对应的□内打"√"：	1最不同意	2很不同意	3不太同意	4一般	5比较同意	6非常同意	7完全同意
Soa1.教学工作中，我经常会体验到成功带来的自豪感。	□	□	□	□	□	□	□
Soa2.教学工作中，我经常因取得成绩而感觉自己很棒。	□	□	□	□	□	□	□
Soa3.我经常会因为教学中的成绩而感觉很开心。	□	□	□	□	□	□	□
Soa4.教学工作中，我常常感觉自己像一名胜利者。	□	□	□	□	□	□	□
Fr1.和学生在一起时，我觉得我可以表现出真实的自我。	□	□	□	□	□	□	□

续表

对下列关于您在工作中感觉的描述,请根据您对下列每项描述的同意程度,在每一题后对应的□内打"√":	1 最不同意	2 很不同意	3 不太同意	4 一般	5 比较同意	6 非常同意	7 完全同意
Fr2.学习过程中学生很在意我关于所教课程的观点、看法。	□	□	□	□	□	□	□
Fr3.学习过程中,学生会向我寻求建议。	□	□	□	□	□	□	□
Fr4.学生相信我会考虑他/她们的切身利益。	□	□	□	□	□	□	□
Ei1.对于下一阶段的教学任务,我愿意竭尽全力去完成它。	□	□	□	□	□	□	□
Ei2.我将会充满热情地去完成岗位职责范围内的工作。	□	□	□	□	□	□	□
Ei3.以后,对自己教学岗位所规定的各项任务,我都将尽最大能力去完成。	□	□	□	□	□	□	□
Ei4.为了在将来的教学工作中取得成功,我将会尽最大努力去奋斗。	□	□	□	□	□	□	□
Ei5.在以后的教学工作中,我愿意全力以赴。	□	□	□	□	□	□	□
Aco1.对我而言,目前的单位是可以为之服务的最棒的单位之一。	□	□	□	□	□	□	□
Aoc2.我会很自豪地告诉别人,我是所在学院中的一员。	□	□	□	□	□	□	□
Aoc3.我向朋友夸耀说,自己所在单位是可以为之服务的好单位。	□	□	□	□	□	□	□
Aoc4.我很关心自己单位的命运。	□	□	□	□	□	□	□
Aoc5.我发现我的价值观与所在单位的价值观很相似。	□	□	□	□	□	□	□

附录　本研究的调查问卷

续表

对下列关于您在工作中感觉的描述,请根据您对下列每项描述的同意程度,在每一题后对应的□内打"√":	1最不同意	2很不同意	3不太同意	4一般	5比较同意	6非常同意	7完全同意
Aoc6.我很高兴在当初参加工作时我选择了现在这个单位而不是其他。	□	□	□	□	□	□	□
Aoc7.我通常赞同目前的单位在重要人事问题方面的政策。	□	□	□	□	□	□	□
Aoc8.我现在的单位最大程度地唤起了我潜在的工作能力。	□	□	□	□	□	□	□

以下是对最近几个星期来,您在工作中的一些行为的描述,您认为这些行为是否经常发行为？请在每一题后对应的□内打"√":1表示相应描述从未发生过,2表示极少,3表示有时,4表示比较经常,5表示经常,6表示很频繁,7表示总是发生(数字越大表示发生得越频繁)。

对下列关于您在工作中一些行为的描述,请根据您下列行为经常发生的程度,在每一题后对应的□内打"√":	1从未发生	2极少	3有时	4比较经常	5经常	6很频繁	7总是发生
Erbo1.在所在学院或系、所里,我主动做一些没有被明确要求做的工作。	□	□	□	□	□	□	□
Erbo2.我寻找各种办法来提高自己的工作成效。	□	□	□	□	□	□	□
Erbo3.我不怕麻烦地去帮助新进员工。	□	□	□	□	□	□	□
Erbo4.我帮助工作任务繁重的同事。	□	□	□	□	□	□	□
Erbo5.我鼓励同事们在工作时尝试采用更有效的新方法。	□	□	□	□	□	□	□

续表

对下列关于您在工作中一些行为的描述,请根据您下列行为经常发生的程度,在每一题后对应的□内打"√":	1 从未发生	2 极少	3 有时	4 比较经常	5 经常	6 很频繁	7 总是发生
EC1.在教学过程中,我的表现超出教学工作职责的范围。	□	□	□	□	□	□	□
EC2.我主动地想尽办法让学生满意。	□	□	□	□	□	□	□
EC3.当学生有问题时,我会提供帮助,即使这超过了岗位职责的要求。	□	□	□	□	□	□	□
EC4.在教学时,我所做的比必须做的更进了一步。	□	□	□	□	□	□	□

下面各题是针对以上 EC1~EC4 所列的几种行为的,您在多大程度上同意下面各题的描述?

对下列关于您的一些感觉的描述,请根据您对下列每项描述的同意程度,在每一题后对应的□内打"√":	1 最不同意	2 很不同意	3 不太同意	4 一般	5 比较同意	6 非常同意	7 完全同意
Sn1.我所在单位里大多数人都有上述 EC1~EC4 所列行为。	□	□	□	□	□	□	□
Sn2.对我比较重要的人如家人、同事、朋友和熟人都认为我应该继续上述 EC1~EC4 所列行为。	□	□	□	□	□	□	□
Sn3.对我比较重要的人如家人、同事、朋友和熟人都支持我进行上述 EC1~EC4 所列行为。	□	□	□	□	□	□	□
Sn4.新闻报道、流行读物、大众媒体和专家观点等都对上述 EC1~EC4 所列行为持正面态度。	□	□	□	□	□	□	□

(2)请填答您的基本情况(在对应□处打"√"):

性别:□男,□女。

您的教育程度:□初中及以下,□高中,□中专,□大专,□本科,□硕士,□博士及以上。

您在本职业的工作年限(□1年,□2~4年,□5~8年,□9~14年,□15~19年,□20~24年,□25年以上)。

您在目前单位的工作年限(□1年,□2~4年,□5~8年,□9~14年,□15~19年,□20~24年,□25年以上)。

非常感谢您的支持!

附录 2 学生版问卷

尊敬的同学您好,本问卷调查的目的是想了解一些与您学习相关的情况,仅做学术研究之用,请根据实际情况作答,无对错之分,并保守私密性。请您给予支持。

最近几个月来,您针对您的某一位老师(即向您散发本问卷的老师)或多或少发生了以下各题所描述的种种行为,您是否经常发生下列行为?请根据您下列行为经常发生的程度,在每一题后对应的□内打"√":1表示相应描述从未发生过,2表示极少,3表示有时,4表示比较经常,5表示经常,6表示很频繁,7表示总是发生(数字越大表示发生得越频繁)。

请根据您下列行为经常发生的程度,在每一题后对应的□内打"√":	1从未发生	2极少	3有时	4比较经常	5经常	6很频繁	7总是发生
crb1.我对我的这位老师报以微笑或加以奉承。	□	□	□	□	□	□	□
crb2.我主动打听并试图记住这位老师的名字和联系方式。	□	□	□	□	□	□	□
crb3.我使用善意的语言与这位老师进行谈话交流。	□	□	□	□	□	□	□
Crb4.我表现出对这位老师很感兴趣。	□	□	□	□	□	□	□
Crb5.我主动与这位老师一起分享人生故事。	□	□	□	□	□	□	□

续表

另外,最近几月来你可能会通过话语、鼓掌等方式当面地或通过电子邮件、电话等方式对这位老师表达正面评价,您以下的这些实际行为(而不是心理感觉)是否经常发生?请在以下各题后对应的□内打"√":							
Cpaed1.对于我的这位老师在课程内容方面渊博的知识,我赞美他/她。	□	□	□	□	□	□	□
Cpaed2.当这位老师关注我在学习方面的进展情况时,我向他/她表达我的肯定之情。	□	□	□	□	□	□	□
Cpaed3.当我需要请教这位老师,而他/她总是能够做出答复时,我会让他/她知道我的赞赏态度。	□	□	□	□	□	□	□
Cpaed4.当这位老师富有兴趣地解答我在学习方面的问题时,我对之加以称颂。	□	□	□	□	□	□	□
Cpaed5.我赞扬这位老师说,您的教学态度很积极。	□	□	□	□	□	□	□
Cpaed6.对于这位老师对我表示出的礼貌和关心,我向他/她明确地表示肯定。	□	□	□	□	□	□	□
Cpaed7.当这位老师能够与我进行充足和方便的学术探讨时,我对他/她进行赞许。	□	□	□	□	□	□	□
Cpaed8.我对这位老师能与我保持良好沟通加以称赞。	□	□	□	□	□	□	□

请填答您的基本情况(在对应□处打"√"):您的性别:□男,□女。

您的教育程度:□初中及以下,□高中,□中专,□大专,□本科,□硕士,□博士及以上。

您目前与您的这位老师:□初次认识,□认识几个月了,□认识一年多了。

您的年龄段:□18岁以下,□18～25岁,□26～30岁,□31～35岁,□36岁及以上。

非常感谢您的支持!

附录3　患者版问卷

尊敬的先生/女士您好,本问卷调查的目的是想了解一些您看病时的情况,仅做学术研究之用,请根据实际情况回答,无对错之分,并保守私密性。请您给予支持。

最近几个月来,您针对您的某一位主治医生(即向您散发本问卷的医生)或多或少发生了以下各题所描述的种种行为,您是否经常发生下列行为? 请根据您下列行为经常发生的程度,在每一题后对应的□内打"√":1表示相应描述从未发生过,2表示极少,3表示有时,4表示比较经常,5表示经常,6表示很频繁,7表示总是发生(数字越大表示发生得越频繁)。

请根据您下列行为经常发生的程度,在每一题后对应的□内打"√":	1从未发生	2极少	3有时	4比较经常	5经常	6很频繁	7总是发生
Crb1.我对我的这位主治医生报以微笑或加以奉承。	□	□	□	□	□	□	□
Crb2.我主动打听并试图记住这位主治医生的名字和联系方式。	□	□	□	□	□	□	□
Crb3.我使用善意的语言与这位主治医生进行谈话交流。	□	□	□	□	□	□	□
Crb4.我表现出对这位主治医生很感兴趣。	□	□	□	□	□	□	□
Crb5.我主动与这位主治医生一起分享人生故事。	□	□	□	□	□	□	□
另外,最近几个月来,您或许与您的主治医生通过口头语言当面地、或通过电子邮件、电话等方式对医生进行正面评价,您以下的这些实际行为(而不是心理感觉)是否经常发生? 请在每一题后对应的□内打"√":							
Cpaned1.对于能够很方便地找到我的这位主治医生,我向医生明确表达我的肯定之情。	□	□	□	□	□	□	□
Cpaned2.当这位医生对我的病情和治疗方案加以足够的解释时,我对之加以赞许。	□	□	□	□	□	□	□

续表

请根据您下列行为经常发生的程度,在每一题后对应的□内打"√":	1 从未发生	2 极少	3 有时	4 比较经常	5 经常	6 很频繁	7 总是发生
Cpaned3. 对于这位医生过硬的医疗技术,我称赞这位医生。	□	□	□	□	□	□	□
Cpaned4. 当出现预期的治疗效果时,我夸奖这位医生。	□	□	□	□	□	□	□
Cpaned5. 当我将要离开时,这位医生详细指导我回家后如何照料自己,我称赞他/她。	□	□	□	□	□	□	□
Cpaned6. 当这位医生对我很有礼貌时,我对他/她表示明确地表示认可。	□	□	□	□	□	□	□
Cpaned7. 当这位医生考虑我的特殊需求时,我表扬他/她。	□	□	□	□	□	□	□
Cpaned8. 当这位医生进行职业化着装时,我向他(她)表示认可。	□	□	□	□	□	□	□

请填写您的基本情况(在对应□处打"√"):您的性别:□男,□女。

您目前与您的这位主治医生:□初次认识,□认识几个月了,□认识一年多了。

您的教育程度:□初中及以下,□高中,□中专,□大专,□本科,□硕士,□博士及以上。

您的年龄段:□18 岁以下,□18~25 岁,□26~35 岁,□36~45 岁,□46~55 岁,□56~65 岁,□66 岁及以上。

非常感谢您的支持!

附录 4　美发师版问卷

(美容师版问卷只改变个别词语以符合语境,故略)

尊敬的先生/女士您好,本问卷调查的目的是想了解一些您美发时的情况,仅做学术研究之用,请根据实际情况回答,无对错之分,并保守私密性。

附录 本研究的调查问卷

请您给予支持。

最近几个月来,您针对您的某一位美发师(即向您散发本问卷的美发师)或多或少发生了以下各题所描述的种种行为,您是否经常发生下列行为?请根据您下列行为经常发生的程度,在每一题后对应的□内打"√":1表示相应描述从未发生过,2表示极少,3表示有时,4表示比较经常,5表示经常,6表示很频繁,7表示总是发生(数字越大表示发生得越频繁)。

请根据您下列行为经常发生的程度,在每一题后对应的□内打"√":	1从未发生	2极少	3有时	4比较经常	5经常	6很频繁	7总是发生
Crb1.我对我的这位美发师报以微笑或加以奉承。	□	□	□	□	□	□	□
Crb2.我主动打听并试图记住这位美发师的名字和联系方式。	□	□	□	□	□	□	□
Crb3.我使用善意的语言与这位美发师进行谈话交流。	□	□	□	□	□	□	□
Crb4.我表现出对这位美发师很感兴趣。	□	□	□	□	□	□	□
Crb5.我主动与这位美发师一起分享人生故事。	□	□	□	□	□	□	□

另外,最近几个月来,您或许与您的这位美发师通过口头语言当面地,或通手机短信、电话等方式对美发师进行正面评价,您以下的这些实际行为(而不是心理感觉)是否经常发生?请在每一题后对应的□内打"√"

Cpaned1.对于能够很方便地找到我的这位美发师,我向他(她)明确表达我的肯定之情。	□	□	□	□	□	□	□
Cpaned2.当这位美发师对我的发型设计方案加以足够的解释时,我对之加以赞许。	□	□	□	□	□	□	□
Cpaned3.对于这位美发师过硬的美发技术,我称赞我的这位美发师。	□	□	□	□	□	□	□
Cpaned4.当出现预期的美发效果时,我夸奖这位美发师。	□	□	□	□	□	□	□

续表

请根据您下列行为经常发生的程度,在每一题后对应的□内打"√":	1 从未发生	2 极少	3 有时	4 比较经常	5 经常	6 很频繁	7 总是发生
Cpaned5. 当我将要离开时,这位美发师详细指导我回家后如何打理自己的头发,我称赞他/她。	□	□	□	□	□	□	□
Cpaned6. 当这位美发师对我很礼貌殷勤时,我对他/她明确地表示认可。	□	□	□	□	□	□	□
Cpaned7. 当这位美发师考虑我的特殊需求时,我表扬他/她。	□	□	□	□	□	□	□
Cpaned8. 当这位美发师进行职业化着装时,我向他(她)表示认可。	□	□	□	□	□	□	□

请填写您的基本情况(在对应□处打"√"):您的性别:□男,□女。

您目前与您的这位美发师:□初次认识,□认识几个月了,□认识一年多了。

您的教育程度:□初中及以下,□高中,□中专,□大专,□本科,□硕士,□博士及以上。

您的年龄段:□18 岁以下,□18～25 岁,□26～35 岁,□36～45 岁,□46～55 岁,□56～65 岁,□66 岁及以上。

非常感谢!

攻读博士学位期间发表的论文及科研成果

已发表的论文:

[1]翟家保,周庭锐.感知被顾客尊重影响一线服务员工努力意向的关联分析[J].江苏商论,2010,2:19~20.

[2]翟家保,徐扬.服务业中顾客参与研究综述[J].科技进步与对策,2009,26(10):156~160.

[3]翟家保,周庭锐,曹忠鹏.一线服务员工努力意向影响因素研究[J].华东经济管理,2009,23(5):111~115.

[4]翟家保,周庭锐,曹忠鹏.顾客积极反馈对一线员工努力意向的影响分析[J].西南交通大学学报(社会科学版),2010,11(2):77~81.

[5]翟家保,周庭锐.一线服务员工组织公民行为影响因素的实证研究[J].信息与统计论坛,2010,25(9):98~103.

参与的科研项目:

国家自然科学基金资助项目:展望理论框架下情绪驱动忠诚的动态机制研究。批准号:70972134。主研人。